Viajes Durante Los Sueños

LIBROS DE JOHN-ROGER
Abundancia y Conciencia Superior
Amando cada Día
Caminando con el Señor
¿Cómo se Siente ser Tú? (con Paul Kaye)
¿Cuándo Regresas a Casa? (con Pauli Sanderson)
Dios es tu Socio
Drogas
El Camino de Salida
El Cristo Interno y los Discípulos del Cristo
El Guerrero Espiritual
El Sexo, el Espíritu y Tú
El Tao del Espíritu
Esencia Divina (Baraka)
La Conciencia del Alma
La Familia Espiritual
La Fuente de tu Poder
La Promesa Espiritual
Manual para el Uso de la Luz
Mundos Internos de la Meditación.
Pasaje al Espíritu
Perdonar: La Llave del Reino
Posesiones, Proyecciones y Entidades
Relaciones (versión actualizada)
Sendero a la Maestría
Viajes Durante los Sueños (versión ampliada)

Si deseas recibir mayor información, por favor dirígete al:

Movimiento del Sendero Interno del Alma (MSIA)
P. O. Box 513935
Los Angeles, CA 90051-1935, EE.UU.
Teléfono: (323)737-4055
E-mail: pedidos@msia.org
Sitio web: www.msia.org

EDICIÓN REVISADA Y AMPLIADA

Viajes Durante Los Sueños

John-Roger

© Copyright 1991, 2008
por Peace Theological Seminary and College of Philosophy
Segunda edición.

Todos los derechos reservados, incluyendo el derecho de reproducción parcial o total por cualquier medio.

Traducción al español: David Rodriguez Vela, con la colaboración de Saúl Monard, Ana Arango y Nora Valenzuela

Visítanos en www.msia.org

Impreso en los Estados Unidos de Norteamérica
ISBN 978-1-935492-03-0

Índice

Introducción 1
1 El Dormir Crepuscular y los Sueños
    de la Mente Subconsciente 7
2 Niveles de Sueño 19
3 Sueños Precognitivos 29
4 El Soñar del Alma 35
5 Balanceando Acciones Pasadas
    a Través de los Sueños 47
6 Interpretación de Sueños 57
7 El Valor Espiritual de un Sueño 65
8 La Meditación de la Llama 73
9 Preguntas y Respuestas 87
Material Sugerido para Profundizar
    el Estudio 113

Introducción

Se ha especulado mucho acerca de lo que sucede en el estado del sueño, y han surgido diversas teorías sobre el significado de los sueños y su interpretación. A medida que leas este material sobre los sueños, podrás encontrar que mucho de su contenido te es familiar y que sabes bastante al respecto. En adelante podrás, sin embargo, descubrir que hay varias cosas sobre las que no sabías previamente.

Al tiempo que se vayan desarrollando las ideas de este libro acerca de los sueños y el soñar, puede que comiences a experimentar o a reconocer esos procesos en ti. Si esta información te sirve, úsala. Si no te sirve, siéntete en libertad de pasarla por alto y de buscar algo que sea de verdad útil para ti. Pero debes al menos considerar que lo que leas aquí sobre los sueños tal vez sea posible. Permítete la suficiente apertura para que puedas asimilar la información de

INTRODUCCIÓN

este libro. Así, después de que hayas revisado si puedes aplicar a tu vida personal toda esta información, podrás decidir si creer o no en ella.

Es importante que lleves un registro de tus sueños, si quieres recibir todo el beneficio de las experiencias que ellos te brindan. Anótalos. Mantén tu cuaderno de sueños y un bolígrafo al lado de tu cama. Cada vez que despiertes, anota tus sueños o tus impresiones de lo ocurrido durante tu viaje nocturno. Tal vez al principio sólo puedas recordar fragmentos, pero si continúas anotando tus sueños -aunque sean fragmentos-, pronto te encontrarás recordando más y más. El simbolismo de ellos se tornará cada vez más claro y te volverás más hábil en interpretar tus propios sueños.

Si no recuerdas tus sueños al comienzo, sólo escribe cada mañana anotando en tu diario de sueños cualquier impresión o fragmento que te haya quedado. Si es preciso, inventa. En un principio, esto puede ser nada más que: "Desperté sintiendo una especie de inquietud y no quería enfrentarme a este día en particular..." o podría ser algo como: "Creo recordar haber visto una casa". Eso está bien. Acabas de empezar el proceso de anotar desde donde sea que estés y ya puedes continuar. Si persistes sin recordar tus sueños, no te desanimes. El solo hecho de mantener un diario de sueños te va permitir que

INTRODUCCIÓN

tomes contacto con nuevos aspectos de ti mismo y con tu experiencia del viaje nocturno. El recuerdo de sueños significativos vendrá con el tiempo.

Si tú eres uno de aquellos que recuerda todos sus sueños vívidamente y con gran detalle, es mejor que seas selectivo acerca de qué escribir y que reseñes sólo aquellos sueños que parecen significativos por alguna razón. Por ejemplo, si trabajas como secretaria y a menudo sueñas que estás escribiendo a máquina y archivando, eso puede ser nada más que la mente subconsciente que intenta resolver presiones de trabajo. Puedes elegir no registrar ese tipo de sueños en absoluto o escoger tomar sólo una nota breve: "Más mecanografía y archivo". A medida que vayas poniendo en práctica lo que leas en este libro y usando tu diario de sueños, descubrirás cómo sacar el mayor provecho de todo esto. La clave es ponerlo en práctica.

Sicólogos y siquiatras han estado estudiando el proceso de dormir y soñar durante muchos años, tratando de descubrir qué ocurre en el estado de sueño. Han avanzado un largo trecho en su búsqueda de información y conocimiento, empero, hay varias áreas del Espíritu que son parte integral del sueño, que continúan siendo un enigma para los científicos.

Sigmund Freud popularizó la interpretación de los sueños y progresó significativamente en el campo de su simbología, pero reservándolo como del

INTRODUCCIÓN

dominio de expertos en psiquiatría y psicología y lo ubicó dentro de estrechas limitaciones. Edgar Cayce en realidad, inició la investigación sobre los sueños y dejó su interpretación en manos del que sueña. Sin embargo, aunque ambos hicieron contribuciones importantes para la comprensión del soñar, avanzaron únicamente hasta cierto punto, Yo repasaré brevemente contigo lo que ellos descubrieron, y luego te explicaré lo que ocurre en algunos estados más profundos del dormir.

1

El Dormir Crepuscular y los Sueños de la Mente Subconsciente

Tú puedes pensar del estado de vigilia como ese estado durante el cual estás consciente y enterado de todo tu entorno físico y alerta a tus acciones y reacciones en relación con tu medio ambiente físico. Pero la línea entre el estar despierto y el estar dormido no es una línea bien marcada y fácil. No hay una definición o división bien delimitada entre dormir y estar despierto.

Normalmente, durante el día, actúas estando despierto. Luego, al anochecer, experimentas un período de tiempo en el cual estás menos alerta, menos consciente de lo que te rodea, que estando completamente despierto. Y todavía no estás dormido. Probablemente hayas visto gente sentada y bostezando mientras ven televisión de noche. Ellos tal vez medio ven televisión y medio dormitan. Si les preguntas por lo que han estado viendo, puede que no sean capaces de darte una idea clara del programa. Si les preguntas si estaban dormidos, puede que no estén seguros. Ellos han estado en una especie de estado intermedio. Estoy seguro de que tú también has experimentado esto en muy diversas ocasiones.

Algunas veces te vas a la cama y decides leer un rato antes de dormir. Y de pronto te das cuenta de que no has estado prestando mucha atención a lo que estabas leyendo, por lo que te devuelves unos párrafos y los lees de nuevo. Aun así, cuando llegas al final de la página, te das cuenta de que todavía no sabes lo que leíste, y debes leerlo de nuevo. ¿Estás despierto o dormido? Seguramente no estás muy alerta físicamente. Al llegar a ese punto, puede que simplemente cierres el libro, apagues la luz y te vayas a dormir. Luego, a medida que comienzas a quedarte dormido, pierdes el conocimiento de lo que te rodea y empiezas a trasportarte a través de otros niveles de conciencia que no son tan asequibles como cuando estás despierto.

En esas primeras dos o tres horas (el tiempo puede variar) de estado de sueño, cuando no te das cuenta conscientemente de tu entorno físico, estás verdaderamente en una zona intermedia; yo lo llamo dormir crepuscular. Es un estado de sueño ligero. Puedes estar sumergiéndote en el sueño y tus músculos em-

EL DORMIR CREPUSCULAR Y LOS SUEÑOS DE LA MENTE SUBCONSCIENTE

pezar a contraerse o saltar. Puede que involuntariamente le des un golpe a tu pareja, y que ésta te diga: "Por amor de Dios, ¿no puedes simplemente relajarte y dormir?" Es posible que ronques durante este estado de sueño ligero. Podrías despertar un par de veces y mirar qué hora es. En otras palabras, es un estado de sueño bastante ligero y posiblemente inquieto.

El dormir crepuscular es un estado en el cual hay sueños; los sueños que tienes en este estado probablemente corresponderán con las actividades del día. Tratarás de resolver lo que ha ocurrido durante el día, cualquier cosa que haya quedado sin resolver -de algún modo-, tú tratarás de completarla y finalizarla en tu sueño. Éstos son sueños de la mente subconsciente.

Por ejemplo, puede que alguien te haya dicho algo durante el día que a ti no te gustó. Tu mente subconsciente lo capta y queda atrapada en la ofensa. Lo tiñe de emoción, lo internaliza y lo guarda en los bancos de memoria. Conscientemente, puede que ni siquiera te hayas percatado de esto o puedes haberlo dado por terminado así: "De todas maneras, ellos no saben de qué están hablando". Pero, subconscientemente, estás atrapado en ese comentario. Así, cuando vas a dormir en la noche, el subconsciente tratará de conciliar, de ajustar esto. Podrías soñar que le das un golpe en la nariz a esa persona; podrías pelear

VIAJES DURANTE LOS SUEÑOS

con ella. Podrías pasar por todo tipo de peripecias para completar la acción.

Si has tenido un día difícil en el trabajo y estuviste bajo mucha presión, puede que sueñes que estás en el trabajo completando algunas de las tareas pendientes y realizando muchas de las actividades que llevas a cabo cotidianamente: escribir en el computador, en relaciones con clientes, desarrollando proyectos, trabajando con herramientas, etc. Lo que sea que tú hagas durante el día, podrías encontrarte haciendo todavía lo mismo en el estado de sueño.

Estos sueños del subconsciente, porque están tratando de resolver diferentes aspectos de tu vida, pueden parecer muy confusos y dispersos. Un sueño típico podría ser así: Vas al trabajo y tu jefe está allí, pero tu madre está en tu escritorio, y cuando vas a otro escritorio de la oficina, tu esposa y tus hijos están allí desayunando. Entonces tu jefe se disgusta mucho y a ti te da miedo de que te despidan, etc. Éstos son sueños de confusión, porque las actividades del día de algún modo no fueron resueltas en algún nivel. Si hay algo que se dejó incompleto durante el día, muy a menudo tratarás de terminarlo durante el estado de sueño. Una de las razones por las cuales el estado de sueño es tan valioso, es porque te ayuda a resolver los problemas de tus propias frustraciones diarias y a estar más conforme contigo mismo en tu expresión diaria.

EL DORMIR CREPUSCULAR Y LOS SUEÑOS DE LA MENTE SUBCONSCIENTE

Los sueños de la mente subconsciente también pueden tener que ver con funciones somáticas. Son los que yo llamo "sueños de comida". Si has comido mucho antes de irte a la cama, los movimientos peristálticos harán que sueñes. Si te vas a la cama con sed o hambre, puede que sueñes que consigues comida o agua. Esto es natural, porque subconscientemente estás sintiendo las necesidades del cuerpo y tratarás de satisfacerlas.

Muchas veces, los niños que sufren de enuresis nocturna soñarán que están en el sanitario cumpliendo el proceso natural en la forma correcta y aceptada. Aunque físicamente no lo estén haciendo, su sueño ha sido tan real para ellos que dirán: "Pero yo pensé que estaba en el baño". Cuando los niños sienten presión en la vejiga, excitación por la fricción con los pijamas o las cobijas enrollándose en torno al cuerpo, puede que tengan sueños relacionados con esa presión sobre el cuerpo.

Es importante que los chicos que tienen el problema de mojarse en la cama, vayan al baño y satisfagan su necesidad fisiológica antes de ir a dormir. También podría ayudarlos el que no beban nada después de las cinco de la tarde, por ejemplo, y que sus camas estén hechas de tal forma que las cobijas nos se les vayan a enredar alrededor del cuerpo, causando presiones no acostumbradas.

VIAJES DURANTE LOS SUEÑOS

Estas precauciones ayudarán a los niños a que se controlen más fácilmente.

El adulto también puede sugerirle al niño - a su mente subconsciente - que "mantenga la cama limpia, seca y calentita" durante la noche. La sugerencia debe ser fraseada en positivo. Si dices: "No mojes la cama", los niños posiblemente lo harán, porque habrás reforzado la acción: "Moja la cama", ya que ésas fueron las últimas palabras que escucharon. Los niños usualmente responden a sugerencias simples y positivas.

Los sueños eróticos, en su mayoría, también ocurren durante el dormir crepuscular y, muy a menudo, son parte de un patrón que el subconsciente está tratando de resolver. Si encuentras a una persona particularmente atractiva o deseable y tu relación con ella no es como tú deseas, puede que sueñes que tienes relaciones sexuales con esa persona. Esto podría caer en la categoría "satisfacción de deseos" y, tal como en los demás sueños de funciones corporales, es frecuente la excitación con las cobijas o la ropa, que puede provocar un sueño erótico.

En los laboratorios dedicados al estudio del sueño, donde los investigadores ejercen vigilancia sobre el sueño de personas y han hecho pruebas y experimentos para determinar este proceso, los sujetos no se han sumergido más allá del estado del dormir crepuscular. Los estudiosos han usado diversos mé-

EL DORMIR CREPUSCULAR Y LOS SUEÑOS DE LA MENTE SUBCONSCIENTE

todos de investigación para determinar cuándo y en qué nivel la gente está soñando. Cuando una persona está soñando, aunque sus párpados estén cerrados, los ojos están mirando lo que pasa en el sueño y se moverán hacia atrás y hacia adelante siguiendo la acción del sueño. Los científicos han dado a este proceso el nombre de Movimiento Ocular Rápido o MOR. Usando electroencefalógrafos y otros equipos que registran las ondas cerebrales, han podido diferenciar e identificar cerca de cinco niveles de sueño dentro del área del dormir crepuscular. Descubrirán más niveles a medida de que se desarrollen equipos más sofisticados, que sean capaces de registrar movimientos más sutiles de las ondas cerebrales.

Observando el MOR e identificando los cambios en la actividad de las ondas cerebrales, los científicos en condiciones experimentales pueden señalar con precisión cuando la gente está soñando. Ellos despertarán al sujeto y le preguntarán de qué se trataba el sueño. El soñador puede decir: "Estaba viendo gente andando en bicicleta". El científico le dirá que vuelva a dormir. El soñador vuelve a dormirse y a soñar de nuevo; se lo despierta otra vez, se le pregunta acerca del sueño y se le vuelve a pedir que se duerma nuevamente. Todos los sueños que se describen en este estado de sueño, son sueños del dormir crepuscular, de conclusión y resolución subconsciente.

VIAJES DURANTE LOS SUEÑOS

Los científicos han descubierto que las personas que son privadas del sueño y, en consecuencia de la experiencia onírica, se desestabilizan. El subconsciente no tiene oportunidad de completar eficientemente sus factores de comunicación en el cuerpo si se interrumpe el proceso de liberación inherente al soñar. La gente que no duerme lo suficiente comienza a sufrir de alucinaciones, a tornarse disgustada, irritable y hostil. Todos sabemos lo que ocurre cuando alguien pasa la noche en vela. Al día siguiente, amanece con un genio endemoniado. Si las personas son privadas del sueño por un período de tiempo lo suficientemente largo, se pueden poner psicóticas, aunque no necesariamente en forma permanente, pero sí por el período de tiempo que estén privadas del sueño y hasta que les sea permitido dormir y soñar normalmente. Cuando vuelvan a dormir, conciliarán los desequilibrios de su vida y su forma de expresarse regresará a los parámetros de la normalidad.

La mente subconsciente se comporta como un guardián de la conciencia, del ser consciente. Eso es parte de la función que cumple de completar asuntos durante el sueño. Procura procesar para la conciencia aquello que no pudo ser reconciliado durante el estado de vigilia, protegiendo así a la conciencia de indebida perturbación y confusión.

EL DORMIR CREPUSCULAR Y LOS SUEÑOS DE LA MENTE SUBCONSCIENTE

Gracias a esta función, el subconsciente te protege si siente la más mínima amenaza. Si eres observado durante el sueño, él puede ejercer su función protectora y no permitir que tu nivel de sueño caiga muy profundo. Por lo general, si eres observado durante el sueño, no desciendes más allá del dormir crepuscular; te mantienes en un sueño liviano e inquieto. Y esto es así particularmente si se te despierta a menudo durante el sueño. Por estas razones, es muy difícil para los investigadores descubrir los estados más profundos del dormir y del soñar que tienen lugar dentro de la conciencia.

2
Niveles de Sueño

Existen otros niveles de conciencia más allá de la conciencia física. Está el nivel físico, del cual probablemente estés bastante consciente; luego viene el nivel subconsciente, que acabamos de analizar. Más allá de ellos están: un nivel astral, un nivel causal (emocional), un nivel mental y un nivel etéreo. Y por encima de todos ellos está el nivel del Alma. Cada nivel existe a la vez dentro de ti y fuera de ti; cada uno es a la vez subjetivo y objetivo. Cada uno de estos niveles puede ser expresado de manera más completa y con mayor perfección fuera de ti, pero cada nivel se expresa a sí mismo también dentro de tu propia conciencia.

Tú tienes una conciencia en cada reino o nivel. Esa conciencia es tu vehículo de expresión allí. En el nivel físico, tu vehículo de expresión es el cuerpo

VIAJES DURANTE LOS SUEÑOS

físico. En cada uno de los otros niveles no cuentas con un cuerpo que pudiera ser identificado como se identifica el cuerpo físico, pero es un cuerpo en el sentido de que es un vehículo para que te expreses en cada uno de estos reinos o niveles de conciencia.

La conciencia astral puede salir y viajar en el reino astral, actuar a través de patrones y percibir, conocer y ser, exactamente así como ahora, en la conciencia física. La conciencia causal puede viajar en el reino causal, la mental en el reino mental y la etérea en el reino etéreo. Cada una de ellas puede ser en esos reinos y existir allí en conciencia tan plenamente como existes tú aquí en la conciencia física. Tú existes en cada nivel de conciencia todo el tiempo. Eres multidimensional. Eres mucho más que tu cuerpo físico, muchísimo más, y definitivamente más grande.

Cuando vas a dormir y pasas más allá del estado del dormir crepuscular, caes muy profundamente dentro de estos otros niveles de conciencia. En ese momento es posible que no te des cuenta de que estás soñando. Entonces es cuando se producen "los sueños espirituales". Algunas veces desciendes rápidamente del dormir crepuscular a los otros niveles. Cuando esto ocurre podrías sentir: "Apenas coloqué mi cabeza en la almohada me dormí, y no recuerdo nada hasta que desperté en la mañana. Creo que no me moví en toda la noche. Sé que algo pasó, pero no recuerdo nada". Porque estos sueños son profundos dentro de la conciencia, es más difícil traer a la conciencia despierta las experiencias desde allí.

Astral

A medida que te sumerges más allá del dormir crepuscular, los otros niveles de conciencia (los otros cuerpos) comienzan a salir o a separarse de la conciencia física, y viajan por los otros reinos, donde hay muchas clases de actividades y experiencias. Por lo general, primero caes por el cuerpo astral y viajas en el reino astral. Muchas de las acciones en los sueños de este nivel están íntimamente asociadas con el reino físico. Los puntos de referencia son, en su mayoría, del mundo físico. Verás personas, animales y ciudades muy parecidos a como estos existen en el nivel físico. Las personas y los lugares serán físicamente reconocibles en mayor o menor grado.

La parte más baja del reino astral es "el callejón de las pesadillas". Aquí puedes tener pesadillas, sueños espectrales de monstruos, culebras y fantasmas. Es donde ocurre la mayoría de tus pesadillas. Porque el reino astral involucra a la imaginación, puede que encuentres allí todos los monstruos que alguna vez imaginaste. Todas las cosas en las que has dejado que tu imaginación habite y puesto energía negativa, que en algún sentido has creado, puedes encontrar-

VIAJES DURANTE LOS SUEÑOS

las cuando viajas por ese reino. En cierta forma, es maravilloso porque te da la oportunidad de confrontarlas y descubrir que son ilusiones creadas por ti y completamente irreales. Cuando aprendes a trabajar con la Luz y el Viajero Místico puedes pedir que la Luz y la protección del Viajero estén presentes, y usualmente verás disolverse los monstruos frente a ti. Hablaremos de la Luz y el Viajero en mayor detalle en el Capítulo Cuatro, "El Soñar del Alma".

Un sueño típico del reino astral podría ser: encontrarse en una situación realmente aterradora y tratar de gritar, y no poder emitir sonido alguno. Puedes tratar de huir y te das cuenta de que no puedes moverte o que vas muy despacio. Las escenas pueden cambiar muy rápidamente. Cuando los monstruos ya están muy cerca, te das cuenta de que repentinamente estás en otro lugar. Hay quizás una sensación predominante de aletargamiento o pesadez en estos sueños. En la mañana podrías decir: "Me gustaría contarte este sueño, pero creo que me falta el vocabulario, la habilidad o el tiempo".

Las experiencias en el reino astral también pueden llegar a ser bastante emocionales. A menudo, tus patrones de miedo, tus patrones de preocupación y tus patrones negativos se basan en el reino astral. Puede que sientas miedo del nivel astral, porque es posible que hayas estado allí antes y que no te haya

NIVELES DE SUEÑO

gustado la experiencia. Cuando tus músculos se contraen repentinamente y saltan o cuando sientes como si estuvieras cayendo y das un brinco en el momento de tocar fondo, probablemente estés entrando en la parte baja del reino astral. Cuando sientes, pero no necesariamente sabes que estás entrando a un área que no es muy agradable, la conciencia se resiste a ir allí y por eso te encuentras en ese proceso de sacudidas involuntarias.

La parte alta del reino astral es muy bella. Muchas personas de grupos metafísicos se refieren a esta área como "tierra de verano". Hay en él ciudades majestuosas y gente muy hermosa. Podría ser muy similar al concepto tradicional del cielo, con puertas nacaradas, calles de oro y toda suerte de cosas por el estilo. Si visitas esta parte del reino astral, probablemente disfrutarás muchísimo.

Quizá más del noventa y nueve por ciento de los habitantes de este planeta viaja al astral de noche. No necesitas estar dormido para el viaje astral, pero a menudo es más fácil viajar cuando la conciencia física no está activa. Una manera de viajar astralmente mientras estás en el estado de vigilia es soñando despierto. Cuando creas situaciones y escenas imaginarias en tu mente y te incluyes en ellas, y éstas se convierten en algo casi tan real para ti o incluso más real que el mundo físico, generalmente estás en la conciencia astral. Las escenas que tú creas o has creado en tu mente pueden tener lugar en el reino astral.

Es importante que tomes conciencia del poderoso creador que eres tú. No hay nada que pongas en movimiento a través de tu mente y tus emociones que no se registre en alguna parte y, a menudo, estas creaciones se te devuelven cuando menos te lo esperas. Realmente es de provecho ser cuidadoso con lo que imaginas o dejas penetrar en tu conciencia.

Causal

El siguiente nivel de conciencia que se separa del plano físico en este proceso del soñar es el causal. Las experiencias de la conciencia causal puede que tengan algunos elementos de la imaginación todavía presentes, pero la experiencia primaria es emocional. Podrás despertarte amando a todo el mundo o despertarte odiando estar vivo. Estas pueden ser claves para que tú sepas que has estado viajando en el reino causal. Muchas veces no recordarás lugares o personas específicas, pero tendrás una sensación increíblemente intensa. Podrías decir: "Tuve un sueño terrible. No recuerdo de qué se trataba, pero yo estaba aterrorizado". O: "No puedo recordar dónde estuve o lo que hacía, pero era un lugar muy bello y pacífico". Estos sueños son probablemente de la conciencia del reino causal.

NIVELES DE SUEÑO

Mental

A medida que te sumerges más profundamente en el estado de sueño, la conciencia mental puede separarse y viajar dentro del reino mental. Los sueños o experiencias que tengas en este nivel pueden parecer inusuales, porque despertarás sabiendo que se te enseñó algo durante la noche. Tú sabrás que estuviste en clase. Muy a menudo, si has estado en el plano mental, podrás no ver a personas o no recordar lugares en particular. Tu memoria estará probablemente referida a ideas, conocimientos y pensamientos; será un proceso mental. Puedes recordar que estabas escuchando parte de una charla o a alguien leyendo un libro en voz alta, pero no serás capaz de recordar nada de la lección. Podrías intentar prestar mayor atención, ya que mientras más información traigas del estado de sueño, más valiosas serán estas experiencias para ti.

Etéreo

El siguiente nivel es la conciencia etérea, que es muy difícil de describir. Éste no es ni mental ni del Alma; está entre las dos. No tengo palabras para describir con exactitud la experiencia etérea. En este nivel hay aclaración de quién eres tú dentro de tu propio ser. Es en este reino en el que hay un proceso de prueba para ver si estás listo para trasladarte al

VIAJES DURANTE LOS SUEÑOS

reino del Alma. Si has estado viajando en el reino etéreo puede que despiertes sintiendo: "¡Lo tengo! ¡Realmente lo tengo!" No serás capaz de especificarlo, pero lo sabrás; y ese día te encontrarás a ti mismo inundado de un entendimiento, de un sentido de plenitud y de un irrefrenable sentido de unidad.

3
Sueños Precognitivos

Hay otro nivel de conciencia llamado el "ser básico", que se ubica un poco más profundo que la mente subconsciente. El ser básico puede separarse de la conciencia física y proyectarse hacia el futuro. Puede trascender barreras de tiempo y espacio, y trasladarse hacia adelante a mirar la próxima semana, el próximo, mes o año. Luego, un día puedes ir por la calle, quizá un año después, doblar en la esquina y dirás: "Yo he estado aquí antes". Los franceses llaman a esta experiencia *deja vu*, que significa "haberlo visto antes", haber estado allí, haber hecho la misma cosa antes. El ser básico ha visto esa escena con anterioridad.

Podrás traer la memoria de sueños precognitivos como una sensación de gran perturbación e inquietud. Tal vez digas: "Presiento que algo va a pasar. Puedo sentirlo en mis entrañas. Algo va a suceder".

VIAJES DURANTE LOS SUEÑOS

Pero no pasa nada, y tu cónyuge dice: "Estás chiflado. Me tuviste ansiosa todo el santo día y no pasó nada". El ser básico se ha adelantado y percibió algo que lo tiene excitado o ansioso. Trajo el recuerdo a la memoria, pero como su función es proteger la conciencia, la memoria consciente será bloqueada, mezclada con un sueño, confundida con una acción del pasado o distorsionada de una forma u otra. Pero el sentido de inquietud permanece.

Luego, un día, seis meses después (y esto es arbitrario; pueden ser tres meses, o un año o lo que sea), algo sucede y tú dices: "Lo sabía". Es posible que no te crea mucha gente, pero tú sabrás que ésa era tu "sensación" y entenderás que estaba asociada a eso. La gente que nunca ha experimentado un *deja vu* va a tener dificultad en aceptar que esto puede ocurrir y que de hecho ocurre, pero una vez que lo experimenten, sabrán a que te referías. Se convierte entonces en un proceso de conocimiento diferente.

Cuando yo era niño (estaba en el cuarto, quinto y sexto curso), solía tener terribles calenturas, como fiebres que atravesaban mi cuerpo. Ahora sé qué era eso, pero en ese momento era desconocido, inexplicable, un tremendo calor que preocupaba a mis padres sobremanera. Mi temperatura subía mucho, muchísimo. Ellos trataban de bajarla, mientras yo deliraba y hablaba incoherencias. Realmente yo estaba fuera

SUEÑOS PRECOGNITIVOS

del cuerpo, pero en ese momento no lo sabía. Soñaba que veía cosas blancas cruzando el cielo. Iban en una dirección y desaparecían; entonces aparecían nuevamente en otra parte del cielo, una desaparecía y otra aparecía. No podía ver qué las originaba y eso me molestaba. Ése era mi "sueño febril". Mucha gente tiene un tipo particular de sueño cuando tiene fiebre; ése era el mío.

Muchos años después, iba conduciendo el automóvil por un camino con amigos y vimos el chorro condensado de un jet que volaba sobre nosotros, y yo dije: "Ahí está mi sueño. Ése era mi sueño febril. Lo vi hace muchos años". Ellos miraron hacia el cielo y exclamaron: "Cierto. Tú lo describiste así". Cuando el jet se alejó, el chorro condensado se dispersó. Como estábamos bajo una formación de jets, nos estacionamos a un costado del camino y esperamos a que pasara otro jet. En el sueño no recordaba estar sentado en un auto viendo los chorros condensados, pero recuerdo con certeza ver cómo se formaban esos trazos.

¿Había sido sólo un sueño febril o estaba viendo el futuro? Si lo hubiese escrito, probablemente lo podría haber evocado con mayor exactitud. Tan estúpida, necia e irrelevante como me pareció la visión en aquel entonces, asimismo probó ser muy significativa. Yo simplemente carecía de la habilidad para verlo y saberlo. Nosotros perdemos montones de cosas que pensamos que no son valiosas en su momento, sólo para descubrir más tarde que, de hecho, eran muy valiosas.

Hay un segundo estado del dormir crepuscular justo antes de despertar en la mañana y éste es el momento en el cual tienen lugar los sueños premonitorios o precognitivos. Si puedes traer a la memoria estos sueños, tendrás un avance de todos los eventos más importantes que te ocurrirán en tu vida. No te puede suceder nada de real importancia que no sea visto primero en este sueño crepuscular matutino.

El sueño crepuscular matutino puede ser también una ocasión para que se siga soñando a nivel subconsciente, lo que parecerá muy similar a los sueños del dormir crepuscular nocturno. Las memorias de ambos estados están a menudos entrelazadas y se confunden y, cuando despiertas, puedes tener dificultades para distinguir entre estos dos estados.

4
El Soñar del Alma

Todavía no hemos hablado acerca del reino del Alma, de la conciencia del Alma. Cuando tú logras entrar en el reino del Alma, estás accediendo a los reinos positivos de Luz, a los reinos puros del Espíritu. Los reinos inferiores (físico, astral, causal, mental y etéreo) son negativos -no malos, sino negativos- como el polo de una batería y su opuesto, el positivo. Hay reinos de Luz positivos y negativos, así como hay polos positivo y negativo en una batería. En este nivel el uno sin el otro está incompleto, sin armonía. Cuando se juntan, forman un todo y comienzan a trabajar funcionando en unidad de energía y fuerza.

Puedes viajar dentro de los reinos inferiores de Luz a voluntad. Puedes proyectar tu conciencia en estos reinos. Cuán profundo puedas adentrarte en los mundos inferiores, depende de tu nivel de con-

VIAJES DURANTE LOS SUEÑOS

ciencia y evolución. Es un proceso que admite desarrollo. Puede que muchas personas nunca viajen más allá del plano astral en el estado de sueño y que ni siquiera se enteren de esto. Es posible que ellos no te crean si les dices que existe algo más. Cada uno, sin embargo, tiene la habilidad potencial de viajar por todos los reinos inferiores sin necesidad de guía.

En el Movimiento del Sendero Interno del Alma (MSIA), hay una Conciencia Mística que es el punto focal de energía y tiene la habilidad de trascender niveles y trabajar con los estudiantes e iniciados del MSIA en todos los niveles de conciencia, según como sea más adecuado a sus necesidades individuales. Es a través del trabajo de esta Conciencia Mística como a los estudiantes e iniciados les puede ser mostrado el reino del Alma, y entonces son capaces, con guía, de atravesar todos los reinos de Luz en conciencia del Alma. Jesús el Cristo, quien fue portador de la Conciencia Mística que trabaja con el MSIA, dijo: "Yo soy el camino, la verdad y la vida; nadie viene al Padre sino por mi".[1] Él quiso decir que es a través de su conciencia, la Conciencia de Cristo, que a cada persona se le pueden dar las llaves para acceder al reino del Alma, al reino del Espíritu puro. Sin la ayuda y la guía de la Conciencia del Viajero Místico, es difícil trasladarse dentro del reino del Alma. Por la forma en que

---
1 Juan 14:6 Versión Reina-Valera Antigua

EL SOÑAR DEL ALMA

el reino del Alma está protegido de lo que no es puro, es más fácil ir con alguien que te pueda mostrar el camino, que pueda actuar como tu guía.

Cada reino de Luz tiene ciertos lineamientos, ciertas reglas, ciertas leyes que son particulares para ese reino. Cada reino tiene un Señor o supervisor que es responsable de las leyes de ese reino y vela para que aquellos dentro del reino se atengan a las leyes. Cuando tú viajas dentro del cuerpo astral, estás sometido a las leyes de ese reino y esto es así para cada uno de los otros reinos inferiores. Pero cuando viajas en el cuerpo del Alma, bajo la protección y dirección de la Conciencia del Viajero Místico, eres libre y no puedes ser limitado por ninguno de los reinos inferiores. Luego de haber aprendido cómo y luego de estar trabajando con la Conciencia del Viajero Místico, puedes avanzar directamente desde la conciencia física hacia el interior de la conciencia del Alma, dentro del reino del Alma. Luego, puedes regresar a través de todos los mundos inferiores, escogiendo un medio para expresarte en cada reino al entrar en él. Escogerás estos cuerpos inferiores o estas envolturas a medida que los necesites, conservando siempre la libertad de la conciencia del Alma.

Aquellos que son estudiantes e iniciados del Viajero Místico tienen al reino del Alma como su meta, y pueden viajar dentro del reino del Alma y más allá

VIAJES DURANTE LOS SUEÑOS

durante sus viajes nocturnos. En gran medida, los viajes que realizan en los reinos inferiores de Luz son para aprender y crecer, y para concluir acciones que ellos originaron en estos niveles inferiores, de modo de poder ser libres de viajar en lo que yo llamo "las alturas", el reino del Alma y más allá.

Cuando tú trabajas dentro del MSIA, bajo la protección del Viajero, se te permite circunvalar los reinos inferiores. Cuando caes en el sueño profundo, el Viajero te lleva directamente al reino del Alma. Luego, a medida que desciendes a través de los mundos inferiores, tienes todas las experiencias bajo la protección del Viajero. No hay nada que te pueda lastimar, nada que te pueda hacer daño.

Aun si no estás en la conciencia del Alma, nada podría molestarte excepto aquellas cosas que tú mismo hayas creado. Si creas miedo, te volverás miedoso. Si creas negatividad, te volverás negativo. Pero si eres inteligente, crearás amor, armonía, equilibrio, buena voluntad y fraternidad, porque esas cosas luego te serán devueltas. Cuando viajas por los otros reinos, te encuentras con las cosas que has creado. ¿No sería maravilloso si todas nuestras creaciones fueran bellas, positivas y elevadoras?

El trabajo del MSIA se realiza en un 10 por ciento en el nivel físico y en un 90 por ciento en el lado del espíritu, en los reinos de Luz. En el estado de sue-

EL SOÑAR DEL ALMA

ño, el cual refleja tu actividad en los otros reinos de Luz, están dándose continuos seminarios, incesante instrucción, entrenamiento y aprendizaje. Este entrenamiento ocurre todo el tiempo, "veinticinco horas al día, ocho días a la semana". Si tomas conciencia de estos niveles, puedes recibir progresivamente más información de ellos, en forma consciente. Ellos están ocurriendo y tú tienes la posibilidad de hacerte cada vez más consciente de ellos y de usarlos como parte de la estructura de tu diario vivir.

Cuando estás trabajando directamente con el Viajero Místico, como un estudiante que se prepara para la iniciación o como alguien que ha sido iniciado dentro de la Corriente del Sonido, estarás envuelto en algunas experiencias en los viajes nocturnos que serán especiales para esa relación.

Por ejemplo, hay sueños con el Viajero que serán parte de tus propios niveles internos, más bien que encuentros con el Viajero en uno de los reinos de Luz como una realidad externa. Es posible que veas la forma que identificas con el Viajero y que sientas que está contigo, guiándote y dirigiéndote. Y eso puede significar que la parte tuya que está centrada en la Conciencia del Viajero te está guiando. Algo completamente válido para ti en ese momento. Un nivel más profundo de ti es capaz de modelar la forma del Viajero, porque tú confías y das crédito a esa forma.

VIAJES DURANTE LOS SUEÑOS

Si verificas esos sueños conmigo externamente, yo puedo decirte que no fui parte de ellos, lo que significa que los sueños se produjeron dentro de tus propios niveles interiores. Esto no invalida los sueños. Sólo significa que los sueños fueron parte de tu propio proceso interno.

También hay niveles de ilusión que pueden tener lugar en los sueños del Viajero. Si tú sueñas con el Viajero y estás abierto a su guía, hay algunas claves valiosas por medio de las cuales puedes verificar la validez de tu experiencia. Cuando verdaderamente ves la forma del Viajero en tus viajes nocturnos, esa experiencia estará acompañada de un sentimiento de reconocimiento amoroso y de una sensación de seguridad y protección. Si tú ves la forma del Viajero y ella te produce miedo o ansiedad, ten cuidado, pues puede que no sea el Viajero. La presencia del Viajero puede también estar acompañada por una energía que te alegrará y elevará. Otra clave es que por lo general el Viajero aparecerá por tu lado derecho; ocasionalmente aparecerá directamente frente a ti. Así que si tú ves o escuchas al Viajero a tu derecha, ésta es una muy buena indicación de que realmente es el Viajero. Pero si una forma que parece ser la del Viajero se te aproxima por la izquierda, ten cuidado. Si hay duda, pide la Luz, y la presencia y protección del Viajero. Si la forma es falsa, desaparecerá. Si escuchas lo que piensas es la voz del Viajero en tu oído izquierdo, ten mucho cuidado de seguir esa guía. Verifícalo.

Quizás la forma más segura de verificar la verdad y validez de la aparición del Viajero en el viaje nocturno sea confrontar la información que recibes. El Viajero nunca contradice sus propias enseñanzas. Si en un sueño, alguien que aparenta ser el Viajero, te dice algo que entra en conflicto con las enseñanzas tal como las conoces a través de las Disertaciones del Conocimiento del Alma del MSIA, del material audiovisual y de los libros del MSIA, significa que tú no has entrado en contacto con el Viajero. Las enseñanzas internas no entran en conflicto con las enseñanzas externas. No obstante, pueden ser una ampliación de ellas.

El Viajero nunca te aconsejaría, en ningún nivel, que te lastimaras a ti mismo o a nadie. Tampoco te va a aconsejar que engañes o mientas. Jamás te insinuará que vayas contra las leyes de la tierra, que seas destructivo o tramposo. El Viajero no te pedirá nunca que divulgues algo que es sagrado y secreto. Si alguna persona, en la forma que sea, (aparte de John-Roger, en el nivel físico, o un iniciador autorizado del MSIA, en el nivel físico) te pide que repitas tu tono de iniciación en este nivel o en cualquier otro nivel de los reinos internos o externos, no estás tratando con el Viajero o con un ser de Luz. Puedes decir tu tono desafiando al espíritu que se te acerca y trata de seducirte. Si viene de Dios, te repetirá tu tono. Si no, desaparecerá.

Es importante saber también que hay muchos niveles de ilusión y tentación que puedes encontrar en el estado de sueño. Las enseñanzas de este mundo no están separadas de tus sueños. Lo que aprendes aquí también lo aplicas a esos otros niveles, así como las enseñanzas que aprendes allí las aplicas a este nivel. Las claves que has aprendido aquí en el nivel físico, trabajando con la Luz, de rodearte de Luz para protegerte, de invocar la presencia del Viajero y de cantar tu tono de iniciación, todas ellas se pueden usar en el estado del sueño tan efectivamente como aquí. Así que usa las herramientas que has aprendido y aplícalas a todos los niveles de tu existencia.

También es importante darse cuenta de que existen algunos niveles sutiles de deseo e ilusión que pueden estar operando dentro de tu propia conciencia. Algunas veces puedes querer algo con tanto empeño que tus propios patrones subconscientes o inconscientes intentarán satisfacer esos patrones de deseo, creando una forma que te dé permiso para completar ese deseo. Y luego tú sentirte justificado yendo y haciendo lo que quieras hacer y podrías decir: "Bueno, en el sueño me dijeron que la acción estaba clara". Es posible que sea una ilusión nacida

EL SOÑAR DEL ALMA

del deseo y consumada en el engaño. No seas tonto contigo mismo. Revisa tus niveles y verifica la información y sé honesto contigo mismo. Las enseñazas internas que puedas recordar siempre estarán en armonía con las enseñanzas externas. El Viajero nunca respalda la deshonestidad o el engaño. El viejo proverbio que dice: "La deshonestidad hace perder el derecho a la ayuda divina", es cierto.

Si recibes información de la que no estás seguro en relación a las enseñanzas del Viajero, sé inteligente y verifícala. Escríbeme a mí o al personal del MSIA. Para mí es fácil confirmarte si yo he sido parte de tu sueño o de tu experiencia en el viaje nocturno. Y si yo no he sido parte, también es fácil para mí confirmártelo. No te distraigas siguiendo tus ilusiones, a pesar de que ellas puedan hábilmente enmascararse como Espíritu. Una gran clave es continuar siempre con la siguiente experiencia, con el siguiente nivel. Si tú haces eso, y luego llegas a quedar atrapado en una ilusión, no permanecerás allí; pasarás a través de ella y seguirás elevándote.

Mucha gente que está en el sendero de la Corriente del Sonido tiene experiencias de iniciación en el estado de sueño. Cada iniciación en la Corriente del Sonido que tiene lugar en el plano físico es precedida por esa iniciación en los reinos superiores. La iniciación en el nivel físico es la verificación de la iniciación y la conexión de la misma dentro de este nivel. Si experimentas una iniciación en la Corriente del Sonido durante el viaje nocturno, ésta estará acompañada de varios puntos claves que la identificarán como tal. Uno será la presencia del Viajero, y tal vez de otros que también son iniciados y, a menudo, de miembros del personal del MSIA que tienen que ver directamente con el proceso de iniciación. Probablemente experimentes una intensificación de la energía, que será notoria a través de todos los niveles, incluyendo el nivel físico. Otra clave será un aumento perceptible de la actividad energética de la Luz en el tercer ojo y/o en el chakra de la corona. Frecuentemente tendrás el recuerdo del Viajero colocando sus manos sobre tu cabeza.

Dentro de cada iniciación en la Corriente del Sonido hay muchas iniciaciones de Luz. De tal modo que si eres iniciado en el nivel causal, experimentarás y quizás recuerdes muchas iniciaciones dentro de ese plano. Éstas serán experiencias hermosas que pueden incluir la presencia del Viajero. Generalmente, ellas no tendrán la intensidad de una iniciación en la Corriente del Sonido y tampoco todas las claves que las identifiquen como una iniciación en la Corriente del Sonido. Si tienes estos sueños de iniciación y deseas verificarlos conmigo en el nivel físico, mediante una carta, está bien. Pero verifica tu propio nivel de conocimiento primero y mira si la experiencia es real o un artificio de tus deseos.

5
Balanceando Acciones Pasadas a Través de los Sueños

Ahora que tienes alguna información y conocimientos prácticos sobre lo que ocurre durante el estado de sueño y los niveles en los cuales puedes viajar, me gustaría retroceder un poco y consignar un poco más de información para ti.

Hay una ley que existe en todos los reinos inferiores de Luz, es la ley de causa y efecto. Causa y efecto son simplemente acción, tuya, mía y del mundo físico, así como de muchos otros reinos de existencia. No es algo negativo o positivo, bueno o malo; es acción, cambio y experiencia, y lo rige una dinámica bien simple: "Cosechas lo que siembras".

Antes de venir a esta existencia física, te comprometiste a experimentar y completar ciertas acciones durante tu vida. Y esto no lo tienes que hacer con nadie más que contigo mismo. Tú clarificas las accio-

VIAJES DURANTE LOS SUEÑOS

nes para ti mismo y te incorporas al reino físico para resolverlas, balancearlas y completarlas. Algunas veces, otra persona vendrá a ayudarte a balancear tus acciones pasadas, pero cada uno de ellos podría haber escogido balancear esas acciones con otra persona.

Las acciones deben despejarse y balancearse a nivel individual, dentro de cada persona. Algunas veces, puedes revisar vidas pasadas y observar dónde dos personas que están juntas ahora, han estado juntas antes, pero cada una debe despejar todavía sus acciones dentro de sí misma, y volverse a estabilizar.

Hay una fuerza maestra o un maestro de los sueños proveniente de los reinos espirituales, que trabaja con los estudiantes del MSIA. Una de las razones por las que el estado del sueño cobra tanta importancia espiritual es porque, gracias a la acción de este maestro de los sueños, se te permite equilibrar acciones en los sueños en vez de en el nivel físico. ¿Acaso te gustaría vivir esas pesadillas en estado despierto? Gracias a esta acción especial, muchos sucesos negativos (choques de auto, accidentes, peligros, situaciones amenazantes, etc.) han sido desviados de lo físico y completados en otros reinos en el proceso del sueño.

En el estado de sueño, el maestro de los sueños te muestra las ilusiones de los mundos oníricos. Te indica cuál acción es una ilusión y cuál es realidad. Tu aprendizaje y progreso podrán avanzar mucho

BALANCEANDO ACCIONES PASADAS
A TRAVÉS DE LOS SUEÑOS

más rápido si no tienes que averiguar todo esto por ti mismo.

En el estado del sueño puedes también balancear acciones de existencias pasadas. Probablemente no eras la persona buena que eres ahora. Mucha gente ha hecho cosas muy terribles a otros y a ellos mismos, y es un golpe muy doloroso para tu "ego espiritual" descubrir que tú eras probablemente menos espiritual en otra existencia.

Tienes que pagar tus deudas, tienes que balancear tus acciones. Cada vez que tú balanceas verdaderamente una acción, aun cuando parezca ser a través de situaciones infelices o difíciles, te volverás más libre. Al pagar cada deuda, vas ganando mayor libertad. Es tan maravilloso poder balancear estas acciones en todos los niveles de Luz y no sólo en el físico. Cuando trabajas con el maestro de los sueños para balancear acciones, puedes despejar situaciones y volverte libre mucho más rápido.

Además de tener acciones que balancear en el nivel físico de conciencia, puede que las tengas en el reino astral, en el reino causal, en el reino mental, y en el reino etéreo. Por lo tanto, debes agotar tus deudas en cada nivel, y esto lo puedes hacer a través del estado de sueño.

Cuando tú viajas en el cuerpo astral, puedes estar balanceando acciones allí, y en el cuerpo causal, estar balanceando acciones del nivel causal. Puedes estar completando el mismo proceso en los reinos mental y etéreo.

Hay muchos niveles o frecuencias en cada reino de Luz. Por ejemplo, en este momento hay más de cuatro mil millones de personas en este planeta, y estás plenamente consciente de algunas de ellas y apenas consciente de otras. Si todas esas personas estuviesen en el reino astral, no estarías necesariamente consciente de nadie más que de ti. Aquí, en este nivel, no hay muchas maneras de evitar estar consciente de otros seres que también están aquí en este nivel. En el nivel astral, sin embargo, si no quieres ver a ciertas personas, jamás te encontrarás con ellas. Tu frecuencia será lo suficientemente diferente como para que nunca tomes conciencia de ellas. Puede que la diferencia de frecuencias sea infinitesimal, pero será suficiente como para que nunca se encuentren. Esto fue lo que quiso decir Jesús el Cristo cuando afirmó que en la casa de su Padre había muchas moradas.[2] Él no los llamó "niveles de conciencia", porque la gente en esa época no habría entendido su significado. Ellos podían relacionar morada con un lugar para vivir, con una casa. El vocabulario es diferente hoy en día, pero el significado es el mismo.

---

[2] Juan 14:2 Versión Reina-Valera Antigua

BALANCEANDO ACCIONES PASADAS A TRAVÉS DE LOS SUEÑOS

Tus sueños pueden volverse realmente intensos si estás equilibrando acciones pasadas en los otros reinos. Los sueños de este tipo, cuando se ocupan de liberar y completar algo, no son frecuentemente muy agradables. El subconsciente, muchas veces, bloqueará la memoria de estos sueños que se ocupan de balancear situaciones, y tú podrías estar agradecido por esto, aunque puedes despertar con una sensación persistente de depresión o pesadez. Es bueno mantener un poco de agua al lado de tu cama. Toma un poco cuando te despiertes, si has tenido pesadillas o te levantas con una sensación de pesadez, lo que te ayudará a romper la conexión, a "interrumpir" la opresión del sueño. Esto aclara rápidamente y te permitirá volverte completamente consciente y presente aquí en lo físico.

Restableciendo la Conciencia Física

Algunas veces, cuando regresas de tus viajes nocturnos por la mañana, podrías escuchar un "pop" o sentir como si te hubieran dejado caer de un golpe en la cama, o despertarás de golpe, tus ojos se abrirán de inmediato, te quedarás mirando el techo fijamente, pensando: "¿Qué fue eso?" Puede que agudices tu oído para ver si fue un auto el que hizo ese ruido o si alguien cerró de golpe una puerta, y aún así tú sabes que nada de eso pasó. Sabes que la sensación vino de tu interior.

Algunas veces, cuando regresas a la conciencia física muy rápidamente, puedes despertar con dolor de espalda, en los hombros, el cuello o la cabeza. Tal vez te levantarás de la cama y encontrarás que escasamente puedes caminar cojeando, y piensas que quizá es artritis o reumatismo o que simplemente te estás volviendo viejo. Pero puede que simplemente hayas regresado demasiado rápido al cuerpo.

Cuando regresas al cuerpo, algunas veces puede que no entres completamente en orden, con cada pelo en su lugar. Cuando esto sucede, te levantas y caminas aturdido todo el día. Y dices: "No estoy presente hoy. No estoy del todo aquí". Esto es correcto, no estás totalmente aquí. Si te sientes así, si sientes que no has regresado completamente al cuerpo, a veces ayuda volver a la cama, acostarse muy derecho, con las palmas bien rectas hacia abajo o rectas hacia arriba, para que la energía electromagnética pueda fluir libremente, sin interrupciones. Cierra los ojos y cuenta regresivamente hasta que te regreses al cuerpo. Comienza con diez y te dices que para cuando llegues a uno, estarás armado y presente en tu cuerpo. Luego comienzas a contar. Sería conveniente que hicieras un poco de ejercicio físico. Unos cuantos abdominales vigorosos o flexiones de pecho te pondrán muy rápidamente dentro del cuerpo.

BALANCEANDO ACCIONES PASADAS
A TRAVÉS DE LOS SUEÑOS

Otra técnica para restablecer la conciencia física es decir el tono de "i" internamente o en voz alta un par de veces. Dilo como un sonido de iii sostenido, comenzando con la voz en un timbre muy bajo y te lo imaginas abajo, alrededor de tus pies; luego, lo subes lo más alto que puedas, así como el timbre de voz, imaginándotelo en la coronilla, para después volverlo a bajar con un timbre de voz bajo hasta los pies. Cantando este tono un par de veces, realineas todas tus energías y quedas anclado nuevamente en este nivel físico.

6
Interpretación de Sueños

La interpretación de sueños puede ser engañosa porque tú viajas en muchos niveles al mismo tiempo. Durante una sola noche puedes tener un sueño iniciado por acción de la mente subconsciente, un sueño precognitivo y experiencias en los niveles de Conciencia del Alma, etéreo, mental, causal y astral. Luego, vuelves a la conciencia física y tratas de entender todo esto con tu mente. Podrías despertar y decir: "Soñé que iba en una lancha por el desierto y que mi tía estaba allí. Ella murió hace veinte años, pero yo estaba feliz de verla. Luego, vimos varios indígenas en canoas, pero realmente no eran indígenas, sólo lo parecían". Los sueños que recuerdas con esta clase de patrón desordenado como éste, usualmente son recopilaciones mezcladas de patrones de pensamiento de varios reinos diferentes.

VIAJES DURANTE LOS SUEÑOS

Las memorias se entrecruzan y el resultado aparece como confusión.

Podrías haber tenido un sueño con elefantes en el reino astral, y en el reino causal podrías haber tenido un gran sentimiento de pertenencia y amor. En el reino mental tal podrías haber estado aprendiendo los principios de la aerodinámica y en el etéreo haber estado en un patrón de autorrealización. Luego, regresas al estado de vigilia en el físico, y traes un conglomerado de memorias de todos estos reinos y experiencias. No es extraño que algunos de tus sueños parezcan confusos. La memoria puede ser multidimensional y difícil de interpretar. Lo mejor que puedes hacer es registrar todos tus sueños. A medida que adquieras mayor experiencia con esto, serás capaz de separar los niveles de conciencia y descifrar tus propias experiencias de viajes nocturnos.

En realidad, nadie puede interpretar tus sueños tan bien como tú. Si algún otro te explica tus sueños, al final eres tú quien tiene que aceptar o rechazar esa interpretación. Por eso, si de últimas eres tú quien lo va hacer, ¿por qué no empiezas a aprender a interpretar tus propios sueños por ti mismo?

Podrías revisar tu diario de sueños y subrayar los símbolos que se repiten en repiten en ellos. Una forma sencilla de obtener más información acerca de un símbolo es "hablarle" como si pudiera conversar contigo. A algunas personas lo que mejor les funciona es anotar la conversación; otros encuentran que pueden mantener conversaciones imaginarias con el símbolo y descubrir lo que el símbolo representa para ellos y la información que quiere transmitirles. Conozco a una joven que soñó que iba caminando por un sendero bloqueado por una gran araña negra en su red. Se despertó asustada y preocupada. Una vez que se tranquilizó, sostuvo una conversación imaginaria con el sendero por el que caminaba así como con la araña que lo bloqueaba. Gracias a eso, obtuvo una valiosa información que pudo aplicar en su vida cotidiana. El sendero por el que iba representaba para ella el camino espiritual que había elegido; comprendió que la araña era una parte de sí misma que se sentía fea e indigna de ese camino. Sus juicios y el rechazo que experimentaba por esa parte suya le impedían progresar como quería. Al seguir indagando, le preguntó a la araña sobre lo que tenía que hacer para que la dejara pasar, y comprendió que simplemente tenía que amar esa parte que ella consideraba fea e indigna. Todo esto concordaba con las enseñanzas espirituales que ella seguía, y le ayudó a aceptarse a sí misma de mejor manera. Es posible que tú no quieras entrar en tanto detalle con tus sueños. Ésta es sólo una de las muchas herramientas que puedes usar para aprovechar tu viaje nocturno a nivel consciente.

VIAJES DURANTE LOS SUEÑOS

A medida que practicas con tus sueños, tu habilidad para comprender qué tiene valor para ti puede convertirse en un proceso muy veloz. Cuando comienzas a trabajar con tus sueños, el tiempo que te dedicas a hacerlo puede incrementar tu capacidad para entenderlos. Es lo mismo que ocurre cuando se aprende en la mayoría de las áreas: se produce una curva de aprendizaje, en donde la primera etapa lleva más tiempo hasta que se adquiere la destreza necesaria.

Debes ser muy cuidadoso al separar los variados reinos y lo que diferencias entre ilusión y realidad. Por ejemplo, había una dama hace algún tiempo quien vio en un sueño un terremoto que causó mucha devastación. A raíz de esto, ella predijo un terremoto lo que fue muy publicitado. El terremoto físico que predijo nunca ocurrió, pero ella murió de un ataque cardíaco muy cerca de la fecha en que predijo el terremoto. Había proyectado su propio patrón de muerte y lo vio como un terremoto. Muchas veces, tú te proyectas a ti mismo dentro de tus patrones de sueño y luego percibes eso como una acción separada de ti. Es bueno estar atento a esto y diferenciar tus propias proyecciones de la realidad de los sueños.

Soñar con terremotos también puede simbolizar trastornos emocionales y anunciar cambios importantes en tu entorno. De tal forma que si sueñas con un terremoto, no necesariamente debes abandonar la ciudad. Podrías justamente observar los cambios por ocurrir en tu vida y darte cuenta de que tienes la oportunidad de fluir con esos cambios y amarte a ti mismo a través de los cambios.

Ocasionalmente podrías experimentar un sueño dentro de otro. Tú "despiertas" de un sueño y te encuentras todavía soñando. Usualmente el sueño del cual te despertaste es bastante traumático y la mente subconsciente, trabajando como guardián, romperá el patrón y te encontrarás a ti mismo en otro nivel. La mente subconsciente se activa para proteger la conciencia de traumas. Así, cuando tengas períodos en los que no recuerdes tus sueños, podría ser sensato no forzarte a ti mismo a recordar. Hay quizás una razón poderosa para que la memoria esté temporalmente bloqueada. Siempre que trabajes en esta o en otra área, recuerda invocar el bien mayor.

Hay otra área completa del sueño que tiene que ver con comunicarse con alguien que ha muerto. "Soñé que mi mamá entraba en mi alcoba y me decía que despertara, porque se me había olvidado asegurar la puerta. Me levanté para verificarlo y, efectivamente, había olvidado cerrar la puerta con llave". Esto ocurre cuando la persona con la que se sueña está en el reino astral. Éste está tan cerca del reino físico, que este tipo de comunicación directa puede tener lugar.

VIAJES DURANTE LOS SUEÑOS

Esto puede ocurrir también entre dos personas que aún viven en el plano físico y cuando esto ocurre, usualmente significa que uno u otro está viajando en el cuerpo astral. Esto puede ocurrir, sea que la gente se dé cuenta o no de ello a nivel consciente.

Muchas veces, personas en el MSIA que tienen seres amados que han muerto, han sido llevados en el estado de sueño al reino o nivel en donde esos seres amados residen. Allí han visto a sus seres amados y se han comunicado con ellos, dándose cuenta de que estaban bastante vivos, no en sentido físico, sino en el sentido más amplio de la palabra: bien, saludables, felices y contentos en su presente estado de conciencia. El sentimiento de tristeza que viene de estar separado de los seres amados frecuentemente es reemplazado por una sensación de alivio y alegría, sea o no que el soñador se dé cuenta a nivel consciente de la visita en el estado de sueño. Cuando ellos sí lo recuerdan, me piden que lo verifique. Les pregunto: "¿Parecía real en ese momento?" y, por lo general, contestan: "Oh, sí, mucho". Cuando lo piensan mejor, se dan cuenta que en ese momento el estado de despierto a nivel físico parecía bastante irreal. Cuando regresas a la conciencia física, los otros reinos parecen irreales. Pero cuando tú dejas la conciencia física, los reinos superiores se vuelven más reales que éste.

7

El Valor Espiritual de un Sueño

Cuando mueres en el mundo físico, pasas al lado del espíritu como una forma de progreso en tu evolución, muy cerca al nivel de conciencia o al reino de Luz que alcanzaste mientras estabas aquí y podrías ir un poquito más alto.

Si aquí has progresado hasta el nivel causal de conciencia, podrías ir al reino causal. Si has progresado hasta el nivel mental de conciencia, podrías ir al reino mental y así sucesivamente. Si tu conciencia está asentada en cualquiera de los reinos inferiores, sigues sometido a la ley de causa y efecto y debes vivir una existencia material y física de nuevo para resolver y completar esos patrones, para liberarte y ascender a los reinos superiores.

Si tu conciencia se ha establecido al nivel del Alma, entras a ese reino y se rompe el patrón de re-

VIAJES DURANTE LOS SUEÑOS

torno. Una vez que asciendes por encima del quinto reino y alcanzas el espíritu positivo, no tienes que volver a encarnar en la tierra física. Tu propia Alma se alza como juez y te ubica en el reino correcto, en el nivel apropiado. No hay juez externo; tu propia Alma te juzga tan honestamente que tú no puedes engañar ni en lo más mínimo. Ella sabe todo lo que tú has hecho, pensado y sentido, y puede así ser completamente justa. Y es completamente justa.

Te he dado una serie de pautas esquemáticas acerca de lo que ocurre durante el viaje nocturno; las posibilidades y variaciones son infinitas. Así como hay más de cuatro mil millones de personas en el planeta, existen más de cuatro mil millones de modos de experimentar el estado de sueño. Tus experiencias no serán exactamente iguales a las de ningún otro. Ellas son las tuyas propias, individuales para ti.

Algunas personas, por ejemplo, pueden saltarse la fase del dormir crepuscular; los otros niveles de conciencia pueden pasar desde el nivel físico en cualquier orden, ya que ellos no necesariamente lo hacen en el orden que yo he indicado. Puede que todos estos procesos se den durante una noche o tal vez sólo uno o dos de ellos. Porque tus variados niveles de conciencia viajen siguiendo un patrón particular la noche del lunes, no significa necesariamente que ellos vayan a repetir el mismo patrón la

EL VALOR ESPIRITUAL DE UN SUEÑO

noche del martes. De vez en vez el proceso puede variar significativamente. Puede que experimentes viajes nocturnos sólo durante una parte del tiempo que duermas y que tu conciencia esté comparativamente inactiva durante el resto de tu sueño. Los sueños y el viaje pueden tomar una corta cantidad de tiempo o toda la noche. Tus experiencias significativas pueden producirse inmediatamente después de quedarte dormido, temprano en las horas de la mañana o justo antes de despertarte. ¿Tienes la idea? No hay sólo una forma. Hay muchas, y tú debes descubrir la tuya.

    Varias personas sueñan hacia las tres o cuatro de la mañana, y cuando es hora de levantarse, no pueden recordar sus sueños, por lo que se les hace difícil mantener un registro de ellos. Si tú sueñas alrededor de las cuatro de la mañana, coloca tu despertador para tal hora. Puedes despertar y anotar tu sueño. Luego te haces el propósito: "Para mañana, me gustaría tener sueños a las cinco de la mañana". El siguiente día, coloca el reloj a las cinco de la mañana. Cuando te despiertes, anota tus sueños y sugiérete que te gustaría soñar alrededor de las seis de la mañana siguiente. Puedes programarte a ti mismo por anticipado e ir adelantando tus patrones de sueños de esta forma. En un par de semanas deberías ser capaz de soñar en las horas tempranas de la mañana, justo antes de le-

VIAJES DURANTE LOS SUEÑOS

vantarte, para que cuando te despiertes, puedas anotar tus sueños y tener memoria muy clara de ellos.

Si anotar tus sueños te causa dificultad, puedes experimentar otras formas de registrarlos. Podrías tener una grabadora al lado de tu cama y grabar tus sueños, si eso te resulta más fácil. No hay restricciones en cuanto al uso de técnicas que te puedan apoyar. Usa todo aquello que trabaje para incrementar tu despertar espiritual.

Cuando aprendes las técnicas para expandir tu conciencia (y registrar tus sueños es una de las importantes), puedes ser consciente de todos los niveles de conciencia al mismo tiempo, con una claridad tan real como la que tienes de lo físico en este momento. Este despertar multidimensional viene con una realización, un conocimiento y un estado de ser; no viene por pensar o analizar este material.

El estado de sueño, el viaje nocturno al plano del espíritu, es una experiencia de aprendizaje. Es un progreso de tu conciencia dentro de los niveles superiores de Luz. Tu libertad descansa en la conciencia del Alma. Cuando llegas al Alma, puedes seguir ascendiendo incluso más alto, hasta el centro del Supremo Dios y convertirte en un co-creador con Dios. Las posibilidades de progresar que están abiertas para ti son interminables e infinitas. Al viajar sobre el reino del Alma adquieres conciencia

EL VALOR ESPIRITUAL DE UN SUEÑO

total o conciencia de Dios, y experimentas el gran Océano de Amor y Misericordia. No hay palabras para estas experiencias. Tú tienes que experimentarlas para poder entenderlas. Tienes que hacerlo por ti mismo. Yo no puedo hacerlo por ti, sólo puedo decírtelo.

Tú debes encontrar la verdad dentro de ti mismo. Adéntrate y atraviesa todos los niveles de conciencia. No importa qué, no te detengas, continúa progresando. Si te mantienes en movimiento, no puedes seguir encadenado por la ilusión. Tan pronto te detienes y dices: "Es esto", las ilusiones estarán allí para esclavizarte. Mantente avanzando siempre.

El viaje nocturno es el campo de entrenamiento para aprender a manejar las ilusiones. A través del proceso del sueño se puede aprender a reconocer y desechar las ilusiones constantemente. Éstas son tus lecciones para tu evolución. Practícalas. Tú debes aprender estas cosas por ti mismo. Tu desarrollo espiritual es individual. Yo puedo señalarte el camino, puedo ser el guía, puedo viajar contigo y estar a tu lado. Puedo clarificarte las cosas, apoyarte y guiarte, si me lo permites.

El Viajero está siempre contigo, pero él no lo puede hacer por ti. Tú debes proporcionarte guía consciente y dirección, si quieres avanzar en el camino de tu conocimiento interno espiritual y en el camino

VIAJES DURANTE LOS SUEÑOS

de tu evolución espiritual a través de los mundos inferiores, hasta alcanzar los reinos del Espíritu puro, que es donde habitas en la libertad de tu propia conciencia del Alma.

8

La Meditación de la Llama

La meditación de la llama está diseñada para liberar muchas de las áreas emocionales de tu conciencia. Es bueno hacer esta meditación si te sientes irritado, molesto o enojado o, en otras palabras, emocionalmente desestabilizado.

La meditación de la llama trata con las energías específicas y poderosas del fuego. El fuego siempre es un arma de doble filo. Puede ser usado para grandes propósitos, como dar calor, cocinar, construir, decorar y embellecer. Sin embargo, cuando está fuera de control, el fuego es una de las fuerzas más destructivas que existen. Yo tomo con extrema cautela cualquier meditación que use al fuego como punto central. Te sugiero que respetes siempre la fuerza con la que estás trabajando y que apliques tu sentido común al manejar el fuego.

VIAJES DURANTE LOS SUEÑOS

Practicar la meditación de la llama puede tener un impacto directo sobre tu estado de sueño. Por lo general, la conciencia que tienes de tus sueños aumenta. Después de practicar la meditación, puedes recordar mucho mejor tus sueños cuando despiertas, y éstos son de una naturaleza poco común. Es posible que sueñes con fuego y que experimentes confusión a nivel emocional en ellos. No dejes que esto te afecte. Las emociones se están liberando; se te está estabilizando a nivel emocional, lo que es uno de los beneficios más importantes de esta técnica.

Como ésta es una técnica tan poderosa, te sugiero que la practiques con mucho cuidado. La primera vez no lo hagas por más de cinco o diez minutos. La energía que activa este ejercicio y los patrones emocionales que libera son mucho más dinámicos de lo que estás acostumbrado a manejar. Haz la meditación durante cinco o diez minutos y luego observa atentamente qué ocurre con tu patrón de sueño y tu estabilidad emocional. Deja de hacer la meditación por unos días si ocurren cosas poco comunes o si te sientes inseguro al hacerla. Deja que el tiempo estabilice las cosas y, entonces, vuelve a practicarla. Si todo parece en orden, sigue adelante y haz la meditación durante un tiempo más prolongado. Nuevamente observa los patrones de sueño y tus emociones. Si éstos se agitan, déjala por unos días y vuélvela a ha-

LA MEDITACIÓN DE LA LLAMA

cer cuando te estabilices nuevamente. A medida que te acostumbres a estas energías superiores, podrás hacer la meditación por períodos de tiempo más largos. Mi sugerencia es que nunca hagas la meditación de la llama por más de veinte minutos al día, y eso ya es bastante. Tú puedes lograr todo lo que necesitas en ese lapso. Hacerla por más tiempo podría no ser beneficioso para ti.

Para practicar la meditación, consigue una vela que sea más alta que el receptáculo que la sostiene, de modo que puedas ver claramente la llama. No importa qué tipo de vela utilices. Puedes usar velas largas, gruesas o cirios pequeños. Todas ellas sirven, siempre y cuando la vela no esté metida en un recipiente que te obligue a mirar la llama hacia abajo. Tienes que poder ver la llama fácilmente mirando al frente.

Durante la meditación es necesario que la llama de la vela esté al nivel de los ojos. Puedes sostener la vela o colocarla sobre algo en tanto quede al nivel de los ojos. Si puedes, es mejor que encuentres un lugar donde colocarla, eso elimina el riesgo de dejar caer la vela al entrar tú en la meditación. Nunca hagas esta meditación en la cama o en un lugar donde haya peligro de incendio. Siempre apaga la vela tan pronto termines la parte de la meditación que utiliza la llama.

Una vez que tengas preparada la vela y el lugar para tu meditación, enciende la vela, siéntate cómodo y pide que la Luz te proteja y que la meditación te traiga sólo aquello que es para tu mayor bien. No es necesario, pero si quieres puedes colocar música suave de fondo; te puede ayudar a mantener un punto de enfoque, un punto de referencia para la mente y su ritmo.

Comienza por fijar tu mirada en la llama, colocando tu conciencia delante, dentro de ese punto de luz. Sólo presta atención a lo que ocurre dentro y alrededor de la llama, y observa las sensaciones y reacciones en tu cuerpo. Es muy importante que mientras estés mirando la llama, no te permitas entrar en nada que parezca un estado de trance. En este ejercicio es fácil que eso suceda, por eso es importante que mantengas la energía fluyendo hacia adelante y hacia afuera, en dirección a la llama o fluyendo hacia arriba. No dejes que la energía decaiga dentro de tu conciencia. Si sientes que la energía comienza a caer o a disolverse internamente, inmediatamente apaga la vela y detén la meditación. Estas energías no deben utilizarse mal.

El estado de trance no es un estado muy positivo o elevador. No produce un despeje positivo de la inestabilidad emocional. Ciertamente puede incrementar el desequilibrio y confundir tu conciencia. Por eso es extremadamente importante que observes este potencial cuidadosamente y mantengas la energía

LA MEDITACIÓN DE LA LLAMA

fluyendo hacia arriba y hacia fuera y detengas la meditación tan pronto como sientas que la energía está decayendo internamente. Lo sabrás. Podrás sentir si estás cayendo en un trance. Si puedes volver a elevar y dirigir la energía hacia fuera y enfocarla en la llama, está bien. Si no puedes, detén la meditación.

Al poner tu atención en la llama, ciertas áreas emocionales pueden empezar a agitarse dentro de ti. Es posible que te sientas intensamente perturbado y desalentado cuando la confusión de tu vida es expuesta para ser purificada en el fuego del Espíritu, simbolizado por la llama. Sólo observa los sentimientos que se presenten, mantén tu concentración en la llama y libera todos esos sentimientos en la Luz. Vuélvete un canal neutral a través del cual puedan fluir las emociones hacia fuera y ser limpiadas.

Puede que sientas un tirón o una sensación pulsante en el área situada entre los ojos o en la cabeza. Tal vez te lloren los ojos o se te nuble la visión. Todo es parte del proceso de liberación y elevación hacia áreas de mayor percepción y de mayor conciencia.

Al observar la llama, puedes notar que ésta se dispara hacia arriba o empieza a titilar casi violentamente por unos instantes para luego volver a arder normalmente. A veces esto puede suceder ocasionalmente, otras veces puede ser permanente. Hay unas cuantas causas posibles. Una es que algo en la mecha de la vela haga que la llama titile y se queme de forma irregular. Cambia de vela, si eso te distrae. Si no es la mecha, podría ser que tú mismo estés respirando sobre la vela, haciéndola titilar. En ese caso, puedes respirar más suavemente o retirar un poco la vela para que tu respiración no la afecte. Si no es ni la mecha ni tu respiración, podría ser la energía presente la que cause la titilación de la vela, haciendo que queme con una llama inusualmente alta. Podría ser sólo el poder de tu conciencia proyectándose sobre la llama. Al enfocar y enviar la energía hacia la llama, puede que la hagas subir o bajar unos centímetros al redirigir la energía. Eso te dará una indicación de lo que estás haciendo.

La llama de la vela quemará y eliminará la energía sobrante. Ésta es una de las razones por las cuales es bueno tener una vela encendida en casa, ya que quema y transmuta el exceso de energía. Es particularmente útil si alguien está expresando inestabilidad emocional de algún tipo. Cuando esto sucede, se libera un exceso de energía en el ambiente y una vela encendida ayuda a estabilizar a las personas y evita que tú recojas su energía negativa.

La llama tiene un campo de energía y al contemplarlo puede que comiences a percibir los colores de dicho campo de energía. Podrías ver los colores en el exterior de la llama que siguen muy de cerca la

LA MEDITACIÓN DE LA LLAMA

forma de la llama o podrías verlos como un destello circular que la bordea, pero que también se extiende más allá de la llama misma. Puedes ver también un destello circular en la punta de la llama o en el halo de calor encima de ella. Los colores primarios que verás serán el verde, el azul y el rojo, y el violeta, al sintonizarte con la frecuencia espiritual. Algunas veces podrías ver incluso un arco iris de colores dentro de la llama.

Existe una fuerza elemental que trabaja con la llama. Es una fuerza vital, una conciencia que viene del reino dévico (que es la parte inferior del reino de los ángeles) y es parte de la existencia del fuego. ¿Recuerdas la historia bíblica del profeta que fue arrojado al fuego? Un ángel apareció y lo protegió para que no se quemara aunque estuviera en medio del fuego. Ésa fue una forma del fuego elemental o un ángel del fuego; existen y tienen dominio sobre el fuego. Pueden controlarlo, lo mismo que todas sus funciones. Hay personas que están sintonizadas con esas formas de fuego y pueden trabajar con ellas. He conocido a personas que pueden eliminar quemaduras del cuerpo porque trabajan con los señores del fuego. En las culturas antiguas, las personas casi siempre veneraban a dioses del fuego. En Hawai, por ejemplo, adoraban al dios del volcán, que era una forma del dios del fuego. Estas fuerzas definitivamente existen y se puede establecer comunicación con ellas.

Al contemplar la llama de la vela, puedes ver aparecer la deva del fuego. Por lo general, aparecerá como una figura pequeña, de forma casi humana, pero de fuego. Puede aparecer con brazos, piernas y cabeza, aunque puede titilar y retorcerse como lo hace la llama. Puede parecer transparente o puedes verla en el borde de la llama o en su cúspide, e incluso algunas veces, ligeramente por encima de la cúspide de la llama o en el área oscura del centro. Puede aparecer y mantenerse fija por un instante o puede sólo destellar momentáneamente. Algunas personas la describen como un pequeño hombre con cabeza y brazos, pero sin piernas. Algunos la han descrito como una luz inusual dentro de la llama, que titila de un lado para otro. Otros la han visto con tanto detalle, que incluso hasta le han visto facciones. Parece que las experiencias de cada persona son diferentes. Puede que la veas o no. Si la vez, tendrás un punto de referencia para saber de qué se trata.

Es interesante anotar que la única restricción que tiene el hombre es su duda y su falta de confianza en su habilidad para hacer todas las cosas. En tu conciencia no existen restricciones y, por eso, puedes entrar en esta meditación y tener éxito. La conciencia de la deva del fuego es restringida, debe mantenerse

LA MEDITACIÓN DE LA LLAMA

dentro del patrón de energía del cual recibe su existencia. Pero tú puedes trasladar tu conciencia hasta ella y contactar su ser. Te puedes comunicar con ella en sus términos. Puedes moverte hacia cualquier patrón de energía y percibirlo directamente, porque eres flexible y multidimensional, pero debes desarrollar la forma de conciencia de la totalidad del ser. Ésta y otras meditaciones que he compartido[3] son de gran valor porque expanden tu conciencia sobre todos los niveles de tu existencia e incrementan tu flexibilidad para viajar de un estado de conciencia a otro.

Al observar la llama, podrías caer en un estado casi de ensoñación, inclusive durante la meditación misma. Está bien que sigas las imágenes que te lleguen, en tanto mantengas la energía fluyendo hacia arriba y hacia fuera. Observa las imágenes y dirígelas hacia fuera y hacia la llama. Puede que estés recordando algo de tu vida actual, cosas que te ocurrieron cuando eras más joven o cuando eras apenas un niño. Puede que sigas retrocediendo en el tiempo a etapas cada vez más tempranas de tu vida y que de pronto te salgas de esta vida y pases a otra. Estarás recordando cosas que no te ocurrieron en esta vida

---

[3] Otras meditaciones de John-Roger figuran en su libro *Los Mundos Internos de la Meditación.* Hay muchas otras meditaciones de John-Roger disponibles en CD. Para mayor información, ver el capítulo, "**Material Sugerido para Profundizar el Estudio**" al final del presente libro.

VIAJES DURANTE LOS SUEÑOS

o podrías contactar los archivos de tus existencias previas; todo eso puede suceder con esta meditación. Solamente fluye con la experiencia, y simplemente deja pasar las imágenes que aparezcan. Libéralas en la llama y observa cómo se purifican y limpian de tu conciencia.

Si sientes los párpados pesados y que tus ojos se cierran, o si el tiempo que te has fijado para observar la llama se cumple, apaga la vela, reacomódate en la silla y entra a una meditación en silencio. Con los ojos cerrados, sólo observa cualquier cosa que aparezca en la pantalla de tu ojo interno. Mantén piernas y brazos descruzados para que la energía pueda fluir libremente. Podrías ver una variedad de siluetas, muchas formas o luces extrañas. Sólo déjalas fluir; no tienes que preocuparte por lo que son. Podrías ver la "deva" del fuego durante esta parte de la meditación. Sólo reconoce su presencia y envíale Luz y amor. Si ves imágenes de tu pasado durante esta parte de la meditación, bendícelas y bendícete con la Luz y déjalas ir. Soltar estos patrones puede traerte una gran sanación y equilibrio.

Cuando hayas estado sentado en silencio con los ojos cerrados durante algunos minutos, intuitivamente sentirás cuando se eleva la energía de la meditación y entonces la meditación habrá terminado. Si te sientes mareado o tienes dificultad para moverte, podrías decir el tono de "i" internamente o en voz alta un par de veces. Haz un sonido de iiiii sosteni-

LA MEDITACIÓN DE LA LLAMA

do, comenzando con la voz en un timbre bajo y te lo imaginas abajo, alrededor de los pies; luego, elevando el timbre de voz, te imaginas subiéndolo a través del cuerpo, hasta alcanzar la coronilla, para luego volverlo a bajar hasta los pies, bajando el timbre de voz. Al cantar este tono un par de veces, tus energías se ordenan y puedes anclarte nuevamente en el nivel físico.

Una vez que hayas leído toda la información acerca de la meditación de la llama, cuando vayas a hacer la meditación puedes usar de apoyo el resumen que viene a continuación:

1. Consigue una vela que sea más alta que el receptáculo que la sostiene.

2. Coloca la vela donde puedas ver la llama a la altura de los ojos o sostén tú mismo la vela a la altura de los ojos.

3. Pide que la Luz te proteja y que sólo suceda aquello que es para el mayor bien.

4. Comienza mirando fijamente la llama a la altura de los ojos, haciendo fluir tu energía hacia fuera y hacia la llama.

5. Contempla la llama y observa tu cuerpo, mente y emociones, permitiendo que lo que ocurra sea liberado en la Luz.

6. Si encuentras que tu energía comienza a disminuir o a irse hacia dentro, vuelve a enfocar tu energía

hacia fuera, en dirección a la llama, o apaga la vela y detén la meditación.

7. La primera vez, haz la meditación por cinco o diez minutos; posteriormente puedes incrementar el tiempo hasta un máximo de veinte minutos.

8. Para finalizar la meditación, apaga la vela, cierra los ojos y siéntate en silencio durante algunos minutos.

9. Para volverte a centrar en tu cuerpo, canta un par de veces el sonido "i", internamente o en voz alta. Haz un sonido de iiiii sostenido, comenzando con un timbre de voz bajo e imagínatelo abajo, alrededor de los pies; luego, elevando el timbre de voz, visualízalo ascendiendo por el cuerpo hasta la coronilla y, luego, bajando el timbre de voz, bájalo otra vez hasta los pies.

10. Observa tus emociones. Si te sientes emocionalmente vulnerable, espera un día o dos hasta estabilizarte, antes de volver a hacer la meditación.

11. Pon atención a tus sueños. El despeje que comienza con esta meditación podría continuar en el estado de sueño y la energía de la meditación posibilitarte que recordaras mejor tus sueños. Si aparece intranquilidad en los sueños, espera a que éstos se estabilicen, antes de volver a hacer la meditación.

9

Preguntas y Respuestas

P: Estoy confundido entre los sueños y los viajes del Alma. ¿Son lo mismo?

R: Existen niveles inferiores de conciencia: el físico, el astral, el causal, el mental y el etéreo. Todos ellos están por debajo del nivel del Alma y podrían corresponder a lo que se conoce como "mundos sin fin". Puedes viajar en esos niveles y permanecer dentro de tu propia conciencia, sin viajar nunca fuera de tu propio reino interno. Lo que generalmente llamamos soñar, sucede en esos niveles.

En el nivel del Alma y por encima de ella, no existe un soñar como tal. En esos niveles te dedicas a tomar conciencia.

P: ¿Cómo puedo acceder con mayor frecuencia a esos niveles de conciencia?

R: Te dices antes de acostarte que te gustaría acceder con mayor frecuencia a esos niveles de conciencia. La respuesta es simple.

P: *¿Existen otras señales, aparte de los sonidos y los colores de los reinos, que me indiquen que estoy en esos niveles por encima del Alma?*
R: Hay sonidos que se pueden oír por encima del nivel del Alma. Pero como los colores se mezclan y se aclaran, se vuelven difíciles de percibir. Puede que te encuentres con seres que te den información que no hayas recibido con anterioridad. Puede que te digan algo o que veas cosas que no sabrás cómo entender o percibir. No se parecerán a nada de lo que conozcas hasta ahora, así que no tendrás puntos de referencia. Al volver al estado de despierto aquí en el nivel físico, anótalo. Si vuelve a producirse, lo vuelves a anotar. Este proceso se trata de irse familiarizando con lo que sucede, y eso implica pasar por lo mismo muchas, muchas veces. Tal vez no puedas hacer nada con eso *aquí*, porque no está *aquí*.

A medida que te adentres en los otros niveles, puede que comiences a reconocer ciertos lugares o estructuras parecidas a edificaciones, porque ya los habrás visto bastante. Se trata de un proceso de repetición, de hacer una y otra vez un procedimiento determinado que te lleva a la misma señal. Puede que sea un símbolo por el que pasas muchas veces, y

PREGUNTAS Y RESPUESTAS

que comiences a darte cuenta que has visto muchas veces ese símbolo. Existen diversas formas, pero son simplemente demasiadas como para que yo intente siquiera darte una o dos. Terminaría dándote tantas que podrías quedarte atrapado en la forma. Sé que la mejor manera de hacerlo es simplemente seguir haciéndolo.

Si estás tratando de entender al espíritu desde este nivel, eso es imposible. ¿Cómo meterías un Jumbo 747 en esta habitación? Simplemente no serías capaz. No cabe. Eso no se puede hacer aquí. Tienes que ir al aeropuerto para verlo. Estando aquí, sólo puedes pensar al respecto. La única manera de meterlo en esta habitación es como símbolo, a través del pensar y de la imaginación. Pero el Jumbo mismo no *lo* vas a meter en la habitación. Sólo *lo* logras allá. Tienes que ir adonde él está.

P: Entiendo que durante la noche ocurren un par de cosas: una es el soñar, que puede o no tener que ver con la trascendencia del Alma, y la otra es el viaje nocturno. El beneficio de registrar y trabajar con los sueños es enterarse de cosas que podrían ocurrir en el futuro y también ver cómo despejamos cosas que ocurren en la vida cotidiana. Lo valioso de observar lo que ocurre en los estados de conciencia es darnos cuenta de nuestro progreso espiritual. ¿Es esto correcto?

VIAJES DURANTE LOS SUEÑOS

R: Hasta ahora, sí.

P: *También dijiste que observáramos los colores en los reinos del Espíritu para saber dónde nos encontramos. No he experimentado estar lo suficientemente consciente en mis sueños como para decir: "¡Ah! Ahora podría pedir la presencia del Viajero", o: "Aquí es donde tengo que fijarme en los colores". ¿Cómo puedo desarrollar esa habilidad?*

R: Te programas antes de empezar a hacer ejercicios espirituales o antes de irte a dormir. Cuando tengo que conducir a alguna parte, me rodeo de Luz, pidiendo que me cubra y me proteja y también la envío hacia la ruta que tengo por delante. Recién entonces me pongo en camino. En el trayecto voy tomando decisiones sobre la ruta que voy a seguir, pero siempre en dirección a Los Angeles o a dondequiera que me dirija. Si el tráfico se pone pesado, puedo detenerme a cenar y retomar la carretera más tarde, cuando el tráfico está menos congestionado. Ocurre lo mismo con lo que tú dices. Una vez que decides algo, aún te quedan muchas cosas por hacer. Así como las situaciones en el mundo cambian continuamente, las cosas en tu interior también. Por eso, debes revaluar lo que ocurre y reacomodarte constantemente. Debes aplicar flexibilidad y trabajar con lo que está presente.

PREGUNTAS Y RESPUESTAS

P: *¿Qué tiene que ver el que anote mis sueños con mis ejercicios espirituales o, mejor dicho, con mi conciencia y progreso espiritual?*

R: Existen muchas formas de ejercicios espirituales. Es un estado en el que te obligas a estar consciente. Si te vas a dormir a medianoche y luego te despiertas a las 2:30 de la mañana, es mucho más probable que estés en mayor contacto con ese otro nivel que conoce los sueños; entonces, puedes traerlos hacia este lado porque existe menos confusión en la mente.

Si quieres descubrir dónde te encuentras con respecto a los niveles de espiritualidad, rastrea lo que sueñas, que eso te indicará en dónde estás. En términos generales, si sueñas con sexo, comida, trabajo, pareja o cualquier tipo de preocupación material, reencarnarás en esos niveles. Independientemente del nivel de iniciación que hayas alcanzado, te traerás de vuelta a este nivel. Pero algunos de ustedes sueñan con el Viajero, que acceden a otros niveles de conciencia y que resuelven sus cosas. Lo que hacen es balancear acciones pasadas. Estás involucrado en eso y lo sabes. Cuán consciente estés de ese proceso te indica tu nivel de progreso.

P: *Muchos de mis sueños se relacionan con mi vida cotidiana. Siento como si no me pudiese alejar totalmente*

VIAJES DURANTE LOS SUEÑOS

de las preocupaciones del día. ¿Tienes alguna sugerencia para despejar mejor mi mente y poder enfocarme más en las cosas espirituales?

R: Hay una técnica llamada "escritura libre" que puede ayudarte a limpiar los niveles del subconsciente y del inconsciente. Ese proceso lo explico detalladamente en el set de audio llamado "Viviendo en la Gracia".[4] Te sugiero que lo escuches. Te daré una breve explicación ahora.

Instálate con un bolígrafo y suficiente papel para escribir en un lugar tranquilo, en donde no te vayan a molestar mientras haces el ejercicio. Desconecta el teléfono, cierra la puerta y pídele a la gente con la que vives que no te interrumpan por un rato. Enciende una vela, pide la Luz y comienza a escribir todos los pensamientos que vengan a tu mente. No se trata simplemente de dejar que el bolígrafo haga la escritura como si fuera escritura automática. En este proceso tú escribes todo lo que está en tu mente. Puede que no alcances a escribir todos tus pensamientos o la palabra completa. Tampoco importa si lo que escribes tiene o no sentido; simplemente continúa escribiendo todo lo que surja en tu mente. Si no se te ocurre qué escribir, escribe eso: "No se me ocurre nada que escribir".

---

[4] "*Viviendo en la Gracia*". Para mayor información, ver el capítulo "**Material Sugerido para Profundizar el Estudio**" al final del presente libro.

PREGUNTAS Y RESPUESTAS

Esto comenzará a liberar patrones del inconsciente, los que pueden salir a la superficie arrastrando una tremenda carga emocional y que termines escribiendo con mucha fuerza en el trazo. Por eso te recomiendo que escribas con un bolígrafo en vez de un lápiz de mina. De esa manera evitas tener que interrumpir tu línea de pensamientos si quiebras la mina y tienes que sacarle punta al lápiz. Tampoco debes hacer este ejercicio en taquigrafía, con el computador o una máquina de escribir, porque para empezar, ésa no fue la forma en que pusiste información en tu conciencia.

Podrían liberarse cosas a nivel simbólico y experimentar que ceden las presiones y los comportamientos obsesivos. Tú no cuestiones nada; simplemente permite que todo se vaya. No es bueno que te aferres a cosas que se están despejando de tu conciencia y que las reactives. Te sugiero que no vuelvas a pensar en lo que has escrito ni que lo discutas con nadie. Si lo haces, podrías poner de vuelta esas cosas en tu conciencia y sería muy difícil despejarlas la segunda vez.

Cuando termines de escribir, *no* vuelvas atrás a leer nada de lo que has escrito. Rómpelo y si puedes, quémalo. Esa acción completa el proceso de liberación. Con el correr del tiempo, te bastarán sólo quince minutos para limpiar tu conciencia, aunque para comenzar debes escribir durante una, dos o más horas. Escribe hasta que sientas que te invade la paz.

VIAJES DURANTE LOS SUEÑOS

La escritura libre es una técnica muy efectiva para acometer estas áreas a fondo. Es como si tú cortaras una cebolla, rebanando capas hacia el centro. La Luz comienza a penetrarlas y como en la cebolla, las capas se secan y se desprenden. A medida que te vas distanciando de la materialidad del mundo físico, con frecuencia te invade una sensación de libertad.

P: Te he escuchado decir que nosotros viajamos en el Alma todo el tiempo. ¿Significa eso que cuando me quedo en blanco y como que me vuelo, mi Alma está afuera, viajando en alguna parte?

R: Puede ser. Aunque también podría significar que simplemente se te ha agotado la información.

P: ¿Existen otras señales para saber si estoy viajando en el Alma?

R: Escucha y ve si oyes la Corriente del Sonido y observa adentro para ver qué colores aparecen. Por lo general, eso te indicará en qué nivel se está moviendo el Alma.

P: Aunque todavía no veo o escucho nada dentro de mí, ¿puedo asumir que estoy viajando?

R: Sí. Aun cuando no tenga conciencia de que estoy respirando, puedo asumir que lo estoy haciendo. Sé que respiro todo el tiempo, incluso cuando no es-

PREGUNTAS Y RESPUESTAS

toy enfocado en eso; en consecuencia, asumo que estoy respirando, esté o no consciente de ello. Esta conclusión es correcta. Lo que ocurre es que empiezas a tomar mayor conciencia de que eso efectivamente está sucediendo. Tú puedes transferir esta misma información al Viaje del Alma.

P: Entiendo que asistimos a una escuela durante el estado de sueño. ¿Qué estamos aprendiendo? ¿Podemos elegir las asignaturas? O, ¿cómo se decide eso?

R: Solamente aquellos que trabajan dentro de una disciplina espiritual que funciona durante el estado de sueño van a la escuela en ese período. Dichas personas aprenden únicamente lo que son capaces de asimilar, ya que cada uno tiene su propio ritmo para progresar. Como el Espíritu no puede imponerte nada, no se te dará nunca nada que no puedas manejar. En esencia, tú escoges tus propias asignaturas por la forma en que has elegido expresar tu amor o evitar expresarlo, tanto en el pasado como en el presente.

P: Me cuesta recordar mis sueños. ¿Irá esto a impedir mi progreso espiritual?

R: Probablemente no. Por lo general, tendrás memoria de un sueño si éste es realmente importante. Hay muchos sueños que no importa que no se recuerden, sin embargo, puedes sacarles provecho si efectivamente aprendes a traerlos a la memoria. Hay varias técnicas que mejoran la capacidad para recordar y probablemente la más efectiva sea anotar los sueños que recuerdas. Mantén un diario de sueños. A medida que te vayas sintonizando con tu soñar, tu capacidad de recordarlos irá aumentando.

P: Si no recuerdo lo que sucede durante el estado de sueño, ¿igual sigue habiendo actividad?
R: Sí, puedes verlo así. Aunque no tengas conciencia de lo que sucede en la Calle #42 y Broadway, en la ciudad de Nueva York, en esa esquina siguen ocurriendo un montón de cosas.

P: ¿Entonces, el nivel de mi conciencia no afecta realmente mi habilidad de la Trascendencia del Alma?
R: Cierta vez trabajé con una mujer que nunca tuvo una experiencia consciente de ninguno de los niveles espirituales. Ella simplemente dijo: "Te creo; confío en ti". Fue iniciada en todos los niveles sin tener jamás una experiencia consciente, sin ver la Luz o hacer nada. Leía sus disertaciones, escuchaba cintas de audio, llevaba un diario personal, hacía esto y aquello, y a ella todo le gustaba. Cuando fue iniciada al nivel del Alma, todo cobró sentido. Después de eso no volvió a tener una experiencia consciente durante mucho tiempo, pero ella simplemente

PREGUNTAS Y RESPUESTAS

siguió adelante, porque eso es lo que tenemos que hacer de todas formas. Ciertamente, ella tuvo todas las experiencias, sólo que sin darse cuenta.

P: Cuando me concentro en mis sueños y los anoto, recuerdo tantos detalles que en la mañana puedo tardarme una hora o más para describirlos, y luego no sé qué hacer con todo eso. Es tanto, que utilizo mucho de mi tiempo de vigilia, recordando y tratando de entender lo que sucedió mientras dormía, cosa que me parece una tontería. ¿Tienes alguna sugerencia para mí?

R: Lo positivo de todo esto es que fluyes bien entre el estado del sueño y la vigilia en el nivel físico. Ahora tú puedes empezar a pedir, antes de dormirte en la noche, recordar sólo aquellas informaciones y experiencias que sean claras y fáciles de entender. Entonces, puede que en vez de despertar con una larga historia, tu conciencia te entregue sólo una "frase clave". Podrías despertar teniendo conciencia de que estuviste despejando acciones pasadas, ayudando en algún lugar o aprendiendo algo nuevo relacionado o no con este nivel. Quizás simplemente te despiertes sabiendo que necesitas resolver ciertas cosas ese día o enfocarte en algún aspecto de tu expresión, etc. Puedes entrar en la fase de recordar comprensiones que ocurrieron. En cualquier caso, siempre es útil anotar las cosas; eso te servirá para rastrear tu progreso y crecimiento en esa área.

VIAJES DURANTE LOS SUEÑOS

P: Sé que animas a las personas a que lleven un diario de sueños y que lo relean cada cierto tiempo, para que entiendan mejor cómo los sueños se relacionan con nuestra vida cotidiana. Estoy bastante seguro de que algunos de mis sueños sirven para despejar cosas. El miedo que tengo es de volver a colocarlas en mi conciencia si releo mis sueños, ya que ,en general, me parece que son cosas superadas, que no entiendo o que no quisiera recordar. ¿Puedes explicarlo un poco mejor?

R: Es efectivo que cuando trabajas con el Viajero, muchas cosas pueden ser despejadas en el estado de sueño y releerlas puede traerlas de vuelta a tu conciencia. Aquí el factor importante es tu intención al hacerlo. Si relees tus sueños con la intención de entender es menos probable que vuelvas a recoger algo. Pero como tú planteaste esa inquietud, sería sensato que tú rompieras los sueños que te parecen despejes y que no los releas. No es necesario que conserves todos tus sueños. Lo que para ti es importante que sepas y entiendas va a aparecer nuevamente en otro sueño.

Antes de irte a dormir pide que toda la información que sería bueno que supieras se te dé de una forma fácil de entender para ti. También puedes pedir memorizar únicamente aquellos sueños que puede ser beneficioso que recuerdes. No es necesario recordarlo todo. Muchas veces el Viajero o tu propia conciencia no te permiten que traigas a la memoria

PREGUNTAS Y RESPUESTAS

cosas que ya han sido despejadas, porque eso no te apoyaría en tu elevación.

P: Cuando hago ejercicios espirituales, mi mente simplemente no se detiene; habla sin parar sobre todo tipo de cosas, incluso que debo prestarle atención a mis ejercicios espirituales. ¿Podrá esto afectar a mi conciencia en el viaje nocturno?

R: Algo que puedes hacer en tus ejercicios espirituales es conseguirte una pequeña grabadora y encenderla cuando a tu mente se le ocurra algo; grábalo, y luego coloca el grabador en pausa; de esa forma tu mente podrá soltar la situación. Posteriormente, debes escuchar lo que grabaste y resolver lo que haya que resolver o descubrir por qué no es necesario hacerlo. De lo contrario es muy probable que esas situaciones comiencen a aparecer en el viaje nocturno, ya que tu conciencia está tratando de resolverlas.

P: ¿Cómo puedo trabajar con mi inconsciencia y mejorar mi capacidad para tomar conciencia?

R: Debes descubrir cuándo y en qué circunstancias caes en la inconsciencia. Si pierdes la conciencia cuando haces tus ejercicios espirituales acostado, siéntate. Si eso te sucede estando sentando, ponte de pie. De esa manera, cuando pierdas la conciencia sentirás que te caes y despertarás, y eso te devolverá rápidamente a la conciencia. Cada vez irás invadiendo más y más la inconciencia con tu conciencia despierta, pudiendo mantenerte más consciente cuando caigas en esas fases de sueño.

Ésta es otra de las razones por qué es beneficioso llevar un registro de tus sueños. Cuando conectas los niveles internos del viaje nocturno con este nivel físico, tu conciencia se fortalece y se extiende hacia áreas que anteriormente no percibías a nivel consciente. Esta conexión entre la conciencia interna y la externa es sumamente útil también cuando comienzas a regresar con comprensiones de los viajes que realizas por "las alturas".

P: ¿Es posible que la inconciencia que a veces experimento sea una forma de protección? ¿Será que a veces es mejor para mí no traer memorias de los sueños? ¿Cómo puedo saber si es eso o simple pereza?

R: El hecho de que estés haciendo estas preguntas no suena a pereza. Más parece que estuvieras listo para encararlo.

P: Eso sí que me gustaría. Me pregunto si estoy o no haciendo algo que esté causando la inconciencia.

R: Auto-cuestionarse es la mejor forma de tomar conciencia. Pregúntate: "¿Porqué estoy inconsciente? ¿Porqué no estoy participando en esto?" Puedes ob-

PREGUNTAS Y RESPUESTAS

tener una respuesta inmediata o no obtener respuesta alguna, porque pudieras no estar listo para que te enseñen el motivo. Cuando estás listo para que te enseñen, te conviertes en un estudioso de la información, en vez de conseguir la información para convertirte en un experto en la materia. La información no puede llegarle a los expertos, porque ellos asumen que ya saben. Pero alguien que es común y corriente, reconoce su ignorancia y el hecho de no saber implica estar abierto a recibir información. Cuando la recibes, es muy probable que quieras hacer algo con ella. Cuando no recibes información, no puedes aplicarla a nada y no sabes qué hacer para que algo suceda. Soltar, preguntarse internamente y la voluntad de estar simplemente abierto son factores que pueden ayudarte mucho.

P: Cuando esté viajando por los reinos interiores de la Luz en el estado de sueño, ¿mis sueños tendrán formas de colores?

R: Es posible, pero la mayoría de las veces los traemos a la memoria física en forma de historias. El ser básico filtra las experiencias de los sueños y las devuelve traducidas a formas con las que nos identificamos fácilmente. Así, puede que recuerdes viajar en el Alma como ir conduciendo un automóvil cuesta arriba, porque para ti eso significa viajar en el nivel físico. También puedes recordar que tomaste un avión y que volaste a alguna parte, sin tener claro adónde. Podrías recordar que estuviste con un grupo de personas en un seminario, aunque no haya sucedido así a nivel espiritual, pero tú requieres de una forma para relacionarla con tu experiencia física. El narrador dentro de ti traduce las experiencias espirituales a símbolos entendibles en el nivel físico.

P: ¿Qué significa cuando en mis sueños te veo a ti, en tu forma física como John-Roger?
R: Cuando tú me ves en un sueño, eso puede significar muchas cosas. Puede ser una creación de tu subconsciente para decirte lo que quieres saber o simbolizar tu ser superior o tu ser espiritual. Puede que el Viajero esté allí como experiencia específica y concreta. Podría también significar que el Viajero te está apoyando en lo que sucede en ese momento.

No importa la explicación realmente, porque de todas formas vas a seguir adelante. Si es creación tuya, ¿qué importa? Irás más allá de eso de cualquier forma. Si recibes información que no tiene sentido en tu vida despierta, no la utilices. Simplemente di: "Esto no me sirve". En ese instante ya no tiene importancia de dónde provenga esa información.

Por el contrario, si la información *efectivamente* te

PREGUNTAS Y RESPUESTAS

sirve, úsala. Qué importa si proviene del Viajero o de tu propio subconsciente.

Si se trata de la experiencia concreta de estar en presencia del Viajero, ¡maravilloso! Y como igual tienes que seguir adelante cuando la experiencia haya concluido, no tiene sentido quedarse apegado a ella. Si quiere decir que cuentas con apoyo espiritual, ¡enhorabuena! De todas formas tendrás que pasar a la experiencia siguiente. Los sueños pueden significar muchas cosas y como siempre, se te recomienda que compruebes la validez de cualquier cosa mediante tu propia experiencia en la vida cotidiana.

P: Algunas veces veo a miembros del personal del MSIA en mis sueños, pero nunca te veo a ti. ¿Hay algo malo en eso?

R: A menudo, para comunicarse contigo el Viajero utiliza formas con las que estás familiarizado y te sientes en confianza. Cuando te empiezas a acostumbrar a la forma espiritual del Viajero y te sientes más a gusto con ella, las otras formas desaparecen y eres capaz de ver la forma del Viajero directamente. No hay nada de malo en tu experiencia actual.

P: Hace poco soñé contigo. Estabas de pie a mi derecha y me entregabas cierta información. ¿Cómo puedo verificar si lo que me dijiste es correcto?

VIAJES DURANTE LOS SUEÑOS

R: Si recibes información que te parece completamente fuera de lugar o si te digo algo que no está de acuerdo con la experiencia que tú tienes de mis enseñanzas, escríbeme y cuéntame la experiencia. Una información fuera de lugar podría ser: "Abandona a tu esposo" o "Ponte frente a un vehículo en movimiento". Pero si es información que puedes utilizar para elevarte, verifícala. Mi sugerencia como siempre es que verifiques la información que recibas, ya que así puedes validar por ti mismo la información que se entrega en las cintas de audio y en las publicaciones; esto mismo se aplica a la información que recibes en los sueños.

P: Cuando sueño contigo, el humor está muy presente, hay muchas carcajadas antes y durante los seminarios y ocurren situaciones realmente graciosas. Siento curiosidad por esto.

R: Algunos de los indicadores de la presencia del Espíritu o digamos del Viajero son una gran alegría y sentido del humor. En mi infancia recuerdo que a mis amigos y a mí a menudo nos venían unos ataques incontrolables de risa cuando estábamos en la iglesia, en los momentos menos oportunos. Y mientras menos oportunos eran, más nos costaba contener la risa hasta que explotábamos en carcajadas y teníamos que levantarnos y salir, por respeto a nuestras familias.

PREGUNTAS Y RESPUESTAS

Hay personas que sufren de algo que ellos llaman "tentación de risa". Una vez que la "tentación" se dispara, estén dónde estén, pierden completamente el control sobre sí mismos. Así es como funciona. Y a muchos de los que hemos sufrido de esto en ocasiones nos han advertido que seremos castigados si lo volvemos a hacer. Pero tú puedes sentir cuando te va a dar uno de estos ataques, y mientras más tratas de controlarlo o de sofocarlo, más fuerte explota. *Eso* tiene el control. Sé que yo no lo tengo cuando me pasa a mí. Eso me enseñó cuando era muy joven a cooperar con él. Conmociona y alegra. Algunas veces se manifiesta de modo realmente escandaloso y por otro lado realmente sereno, pero en cualquier caso sigue siendo muy gracioso. Puede llegar a un nivel en donde cualquier cosa que alguien diga o haga simplemente dispara el mecanismo.

P: A veces, cuando me tiento de risa me da mucha vergüenza o comienzo a transpirar a raudales. ¿Es posible que mediante la risa se balanceen o liberen acciones del pasado? O, ¿que me esté volviendo más libre de patrones gracias a esto?

R: "Libre" tiene una connotación distinta, pero ciertamente puedes liberarte de acciones pasadas mediante la risa. Incluso en tu vida cotidiana, si eres capaz de reírte en vez de ofenderte por cosas que las

VIAJES DURANTE LOS SUEÑOS

personas dicen o hacen, en ese mismo instante ya eres libre y la situación no puede engancharte. HUMOR comienza con HU (JIÚ), que se parece más a Dios o a tener más de Dios. Así entonces, mientras más risa y alegría existan, más en presencia del Espíritu estarás tú.

P: Cuando sueño con otras personas y realizo mis anhelos y deseos relacionados con ellas, ¿cómo saber si las personas están realmente allí o si sólo se trata de mis propios deseos cumplidos?

R: Seguramente la otra persona no está allí, porque tú has simulado su conciencia a partir de tus propios niveles internos de deseo. Si tuvieras una experiencia auténtica de salirte del cuerpo, que es un estado de conciencia en otro nivel, es posible que entonces la persona estuviera realmente allí. Sin embargo, es poco probable que tus deseos corporales se te impongan en esos otros niveles.

P: He estado sufriendo de muchas pesadillas nocturnas. De ellas despierto realmente asustado y me puede tomar horas tranquilizarme y volver a conciliar el sueño. ¿Tienes alguna sugerencia para mí?

R: Tus sueños podrían corresponder a una infinidad de cosas: compensación de acciones pasadas, superación de miedos o de bloqueos inconscientes y subconscientes, etc., particularmente si la Conciencia del Viajero trabaja contigo. Independientemente de su significado, tú no les otorgues mucho poder. Si te despiertas de una pesadilla, simplemente trabaja contigo mismo. Canta tu tono o el JIÚ o el Anai-Jiú, rodéate de Luz y pide que el Viajero te ayude a liberar la experiencia del sueño. Mantén un vaso con agua al lado de la cama y bebe un sorbo para aplacar la intensidad de la experiencia del sueño y para ayudarte a volver al cuerpo.

Otra técnica para restablecer la conciencia física es cantar el tono de "i". Simplemente dilo como un sonido de iiii sostenido, comenzando con un timbre bajo de voz e imaginándotelo abajo, alrededor de los pies. Luego, subiendo el timbre lo más alto que puedas, te lo imaginas subiendo hasta la coronilla, para después volverlo a bajar junto con el timbre de voz, lo más bajo que puedas, hasta los pies. Eso te ayudará a anclarte sólidamente en este nivel físico de un modo equilibrado.

El ejercicio físico también ayuda a interrumpir la sensación de perturbación que producen los "sueños malos". Sería bueno entonces que hicieras el ejercicio que más te guste. Hacer un par de abdominales, bailar o caminar un poco son algunas de las alternativas que pueden apoyarte. Simplemente debes hacer algo que ponga en movimiento tu energía corporal y que te ayude a desviar la atención.

VIAJES DURANTE LOS SUEÑOS

P: *Muchas veces me levanto medio embotado y con una sensación de gran pesadez en la cabeza y los ojos. ¿Tiene esto algo que ver con lo que ocurre durante el viaje nocturno? Y de ser así, ¿puedo protegerme de alguna manera durante el viaje nocturno?*

R: La mayoría de las veces, las cosas del mundo del Espíritu no cruzan hasta este nivel. Lo primero que yo haría sería examinar mi estado de salud. Hay doctores y especialistas que pueden hacerte pruebas para determinar si tienes alguna alergia o toxicidad en tu organismo. Con anterioridad yo les he hecho algunas sugerencias para despejarse después de una pesadilla, como hacer ejercicio físico, beber un poco de agua, etc. Eso también puede servirte en la situación que mencionas.

En tu caso, yo también observaría si no te estás durmiendo en un estado de negación. Si es así, te despertarás en un estado de negación, que puede expresarse aquí como algo distinto, embotando el pensamiento y la cabeza, porque así funciona la negación. Es una forma de auto-protección. Pregúntate: "¿Qué estoy negando?" Puedes comenzar diciendo cosas al azar y ver si alguna de ellas resuena contigo. Luego, en tu caso, yo revisaría por qué estás negando eso. Otra forma de mirarlo es preguntarte: "¿Qué estoy esperando que suceda?

PREGUNTAS Y RESPUESTAS

¿Cómo creo que debería ser esto en vez de cómo es?" Puede que simplemente descubras que eres muy hipersensible.

Hazte estas preguntas y asume la información; ésa es una forma de honestidad. No se trata de que la juzgues como buena o mala, sino de que la tomes como simple información. De esa manera, no tienes que reaccionar en su contra. Comienza a actuar con lo que tengas a mano.

P: En mis sueños algunas veces veo personas a mi izquierda. He escuchado que si algo aparece por la izquierda, es negativo. Las experiencias que he tenido, sin embargo, han sido todas positivas. ¿Puedes aclararme esto?

R: El poder negativo entra por la izquierda, pero no todo lo que entra por la izquierda es negativo. Esto ya te lo han dicho. Cuando algo aparece, todo lo que tienes que hacer es cantar tu tono iniciatorio, el JIÚ o el Anai-Jiú[5] y si es negativo va a desaparecer porque no puede quedarse en presencia de la energía positiva de esos tonos. Si no es negativo, seguirá allí y eso está bien. Puede quedarse e incluso repetir tu tono y eso también está bien. Entonces, lo único que sabes es que entró por la izquierda.

---
[5] Del libro *Los Mundos Internos de la Meditación* por John-Roger. Para mayor información, ver el capítulo "**Material Sugerido para Profundizar el Estudio**" al final del presente libro.

VIAJES DURANTE LOS SUEÑOS

Muchas de las cosas que han aparecido por la izquierda crearon un infierno para ti y por eso te preguntas si no fue el poder negativo. Pero no, no fue así. El infierno que eso te causó sirvió para catapultarte al nuevo nivel que te correspondía. Estabas apegado a lo viejo y parecía difícil que se te pudiera enderezar. Te resistías al cambio, pero ya entraste en vereda y lo que pasó lo puedes utilizar de punto de referencia para los cambios que tienes por delante. Suéltate y fluye con los cambios a medida que éstos se presenten. Algunas veces lo has tomado como una forma de castigo, pero no es así; es una forma de disciplina.

P: *¿Qué relación, si es que la hay, guardan los sueños con existencias pasadas o futuras?*
R: Si trabajas con un Maestro que trabaja en el estado de sueño, tus sueños pueden resolver o balancear acciones pasadas. Pueden también estar reflejando alguna impresión del pasado o ansiedad acerca del futuro. El soñador es quien mejor puede interpretar sus propios sueños. Lo más importante es que vivas tu vida física y despierta con una actitud responsable y cuidadosa. Si estás trabajando con la Conciencia del Viajero Místico, antes de irte a dormir, pídele al Viajero que trabaje contigo en el estado de sueño.

PREGUNTAS Y RESPUESTAS

P: ¿Me puedes recomendar material de lectura adicional que me ayude a entender mejor mis sueños?

R: En general, la mejor interpretación de un sueño la hace quien lo sueña. No hay fuente externa alguna que pueda proporcionarte el nivel de veracidad y precisión que tú le puedes dar a tu propia experiencia. Tú eres el único que SABE lo que significan tus sueños para ti. Si te conectas con tus sueños, anótalos y revísalos más tarde a la luz de lo que haya sucedido en tu vida desde que los soñaste, etc.; es entonces que la interpretación se te puede aclarar. Mientras más lo practiques, más te vas a sintonizar con ese proceso. Con el tiempo serás capaz de interpretar tus sueños con mucha rapidez y precisión.

P: ¿Puedo sintonizarme mejor a la Conciencia del Cristo a través de mis sueños?

R: Pídelo. Cuando te vayas a dormir en la noche pide una mejor sintonía con esa Conciencia del Cristo. También puedes pedirle al Viajero que trabaje contigo en lo que represente tu mayor bien y que puedas traer a la memoria aquello que es bueno que recuerdes, de un modo que te resulte fácil de entender. Luego, cuando despiertes, anota tus sueños o la sensación que te quedó de lo que ocurrió en el estado de sueño. Usa todo esto para progresar. Realmente puedes programarte para alcanzar el éxito e ir adquiriendo progresivamente una mayor conciencia de los reinos internos; todo esto puede llevarte a tomar conciencia de tu Alma y del reino del Alma, si eso es lo que quieres y es allí a dónde quieres llegar.

Baruch Bashan
(Las bendiciones ya existen).

MATERIAL SUGERIDO PARA PROFUNDIZAR EL ESTUDIO

VIVIENDO EN LA GRACIA
Un Viaje al Corazón de Dios
Seis cintas de audio con seminarios, meditaciones y una reprogramación positiva por John-Roger. Se incluyen instrucciones para usar la reprogramación positiva.
- *Escritura Libre*
- *Meditación del Perdón*
- *¿Estás Viviendo Bajo la Ley o la Gracia?*
- *Reprogramación Positiva para el Perdón*
- *La Conciencia de la Gracia*
- *Meditación de la Paz*
Este material puede ser compartido con otros.
#3909-S

LOS MUNDOS INTERNOS DE LA MEDITACIÓN
En este libro, John-Roger comparte muchas técnicas de meditación, así como información general sobre el

proceso de meditar y los reinos internos de conciencia que se pueden alcanzar cuando se va hacia adentro.
#977-7S

LOS MUNDOS INTERNOS DE LA MEDITACIÓN, CD - DISCO 1 JOHN-ROGER Y JOHN MORTON

1. Introducción a la Meditación y Ejercicios Espirituales
2. Meditación de Los Planos Internos de Conciencia
3. Introducción a la Meditación de la Respiración
4. Meditación de la Respiración
5. Introducción a la Meditación del Ra
6. Meditación del Ra

#7691-CD-S

LOS MUNDOS INTERNOS DE LA MEDITACIÓN, CD - DISCO 2 JOHN-ROGER Y JOHN MORTON

Los Tonos Sagrados
1. Introducción
2. Jiú y Eich - Iú
3. Jiú y Respiración
4. Anai-Jiú
5. Meditación del Zou
6. Introducción
7. Meditación de la Llama
8. Introducción
9. Meditación
10. Ranging

#7692-CD-S

MATERIAL SUGERIDO PARA
PROFUNDIZAR EL ESTUDIO

LOS MUNDOS INTERNOS DE LA MEDITACIÓN, CD - DISCO 3 JOHN-ROGER Y JOHN MORTON
Meditación del So-Hang
1. Introducción/Meditación de los Rayos Coloridos de Luz
2. Introducción / Meditación del Agua
3. Introducción / Meditación
4. La Promesa Espiritual
#7693-CD-S

VIAJE DEL ALMA
Cinta de audio #7175-S

ANAI-JIÚ
Cinta de audio #1610-S

VIAJE INTERIOR POR LOS PLANOS DEL ESPÍRITU, CD
Viene junto al libro
¿Cuándo Regresas a Casa?
#023-1S

Todos los libros y materiales de audio en la lista anterior pueden adquirirse a través del MSIA.
Para mayor información o para hacer un pedido, por favor contacta al MSIA:
• Por correo, escribir a P.O. Box 39935, Los Angeles CA 90051, EE.UU.

- Llamar al teléfono (323) 737-4055, en EE.UU.
- Enviar un e-mail pedidos@msia.org
- Visitar la tienda en línea en el sitio web www.msia.org

SEMINARIO TEOLÓGICO Y ESCUELA DE FILOSOFÍA PAZ

El Seminario Teológico y Escuela de Filosofía Paz (PTS) es un curso de estudios que pone a disposición de las personas las enseñanzas de John-Roger a través de clases, talleres y retiros. PTS ofrece una clase sobre los sueños en muchos países del mundo. Esta clase también se ofrece por correspondencia. Para mayor información sobre tu localidad más cercana o para ordenar el curso por correspondencia, por favor contacta las oficinas de PTS, ubicadas en 3500 W. Adams Blvd., Los Angeles, CA 90018, EE.UU.
- Llamar al (323) 737-1534, EE.UU.
- Envíar un fax al (323) 737-5680, EE.UU.
- Envíar un e-mail a registrar@pts.org
- Revisar el Calendario de Eventos en nuestro sitio web www.msia.org

MATERIAL SUGERIDO PARA
PROFUNDIZAR EL ESTUDIO

SOBRE JOHN-ROGER

Maestro y conferencista de talla internacional, John-Roger ha sido inspiración para mucha gente alrededor del mundo. Durante más de cuatro décadas, por medio de su sabiduría, sentido del humor y sentido común ha ayudado a la gente a descubrir el Espíritu dentro de ellos mismos y a encontrar salud, paz y prosperidad.

Con dos libros en co-autoría que han alcanzado las listas de los libros más vendidos del New York Times, John-Roger ha publicado más de sesenta libros de auto-ayuda y producido más de una centena de series de audio, en los que ofrece perspectivas extraordinarias con relación a una amplia gama de temas.

Es el fundador de la iglesia ecuménica del Movimiento del Sendero Interno del Alma (MSIA), la que se enfoca en la Trascendencia del Alma. Además es fundador y canciller de la Universidad de Santa Mónica y fundador y presidente del Seminario Teológico y Escuela de Filosofía Paz, fundador y presidente del directorio de los Seminarios Insight y fundador y presidente del Instituto para la Paz Individual y Mundial.

John-Roger ha dictado más de seis mil seminarios en todo el mundo, muchos de los cuales han sido televisados a nivel nacional en su programa por cable "That Which Is" a través de la Network of Wisdoms.

Ha participado en numerosos programas de radio y televisión y como invitado principal de "Larry King Live".

De profesión educador y ministro, John-Roger sigue trabajando para transformar la vida de muchas personas, instruyéndolas en la sabiduría del corazón espiritual.

Para mayor información sobre John-Roger, te invitamos a visitar el sitio web www.john-roger.org

NOTAS

NOTAS

NOTAS

## NOTAS

www.ingramcontent.com/pod-product-compliance
Lightning Source LLC
Chambersburg PA
CBHW030000050426
42451CB00006B/71